矯正歯科医が教える

満1歳で離乳が終わる“らくらく”育児

今の離乳食はまちがいだらけ

歯学博士
金《きむ》 俊熙《じゅんひ》

現代書林

はじめに

「噛み合わせの悪い子、歯並びのよくない子が増えている」

これまで一歳六カ月健診、三歳児健診で子どもたちを診るたびにそう感じてきました。

かまない子、飲み込めない子の存在はすでに八〇年代から注目されはじめ、かむこと、飲み込むことの大切さを説く新聞・雑誌記事や書籍などが世に送り出されてきました。「食事はよくかんで食べましょう」――子どもからおとなまで、ほとんどの人が一度や二度はこんなアドバイスをどこかで聞いたり、読んだりしたことがあるはずです。

ところが不正咬合（不正な噛み合わせ）や歯並びの悪い子どもは減るどころか、増えているのです。先の一歳六カ月健診、三歳児健診では厳密に審査をすれば半数近くの子どもが将来、不正咬合になると予想できるほどです。加えて、顎関節症というかつてはおとなの歯科疾患と言われた病気まで乳幼児に見られるようになっています。

不正咬合や顎関節症は口の機能（かむ、飲み込む際などの筋肉の動き）が正常に働かない場合に起こりやすい歯科疾患です。それが一歳六カ月の子どもに少なからず見られるということは、誕生からそれまでの口の機能の発達過程に問題があることは明らかです。

私は長崎大学歯学部に在学中、予防歯科学の講座を通して医療にはなによりも予防が大切であるという思いを抱くようになりました。虫歯や歯周病の予防については、当時すでにほぼ明らかにされていました。ところが不正咬合の予防については具体的な回答がなく、取り残されていたのです。その理由を探って行くうち、これは「子どもの口の発育の過程を継続的に見て行かなければ解決できない」という結論にたどりつきました。そこで咀嚼器官の発達の研究に取り組んでいる鹿児島大学歯学部歯科矯正学講座の大学院に進み、口の発達について本格的に勉強をはじめました。

咬合の育成をメインテーマに実験や研究を重ねるなかで、乳幼児期の母乳（ミルク）の「飲み方」、次いで離乳食、つまり「食べ方」の善し悪しが私たちの口の発達と非常に深くかかわっていることが解明されたのです。

虫歯や歯周病をはじめ不正咬合、顎関節症などはその人の食習慣と密接な関係があるものです。その意味で現代の歯科疾患のほとんどは〝食生活習慣病〟と言っていいでしょう。歯科疾患は口にとどまらず、他の器官にも影響を及ぼすなど、生涯にわたってその人の健康を左右する問題をはらんでいます。

これまで私のクリニックでは、口唇口蓋裂で生まれてきた赤ちゃんを早い子では生後

二週間から診てきました。一般に歯科の世界では、口唇口蓋裂児は顎口腔機能異常者というとらえかたをします。

当院で、矯正歯科の目から見て好ましい哺乳・離乳の仕方を実践してもらったところ、ほとんどの子どもが一歳を迎えるころにはおかあさん、おとうさんが口にしている家庭の食事をあたり前に食べられるようになっています。それも口の中に哺乳床（上あごの役割を果たす、口蓋裂の手術を終えるまで使用するプレート状のもの）を入れたままです。

乳幼児健診に見るとおり、口の機能異常はむしろ健常な子どもに増えているのです。

本書では、その背景に潜む問題を浮き彫りにし、さらにしっかりとかめる子、飲み込める子に育つには哺乳・離乳期にどんなことが必要なのかを具体的に解説しています。

今回、「お子さんの離乳がうまくいかないと悩んでいるおかあさんに向けて少しでもお役に立てるのなら」と、当院での哺乳・離乳指導について体験談を寄せてくださったおかあさんたちに、この場を借りてお礼を申し上げます。

最後に、お子さんの健やかな成長を心よりお祈りいたします。

二〇〇四年六月

歯学博士　**金　俊熙**

はじめに 001

part 1
「離乳の基本」が子どもを不健康にしている…… 011
現状の哺乳と離乳の問題点

子どもの口に異常が起きている 012
かまない子、かめない子が増えている 012
顎関節症は発育不全 016
顎関節症も不正咬合も生活習慣病 020
不正咬合は子どもの心にも影響する 021
口の機能の基礎は三歳までに決まる 022
スポットに舌先がついていない子どもが増えている 024
母乳を飲むことがすべての基本 026

Contents

「育児書どおりの離乳食」では子どもを健康に育てられない　029

厚生労働省「離乳の基本」が諸悪の根源　029
口の機能の発育に関する正確なデータはとれない　031
子どもによって食べられる時期にはこんなに幅がある　033
高度経済成長期のアメリカ式育児の弊害　038
経管栄養を経験した子どもに摂食の問題が多い　041
子どもの口の発達について知らない医師が多い　042
マウスの哺乳実験でわかったこと（人工哺乳と自然哺乳）　044
口唇口蓋裂の赤ちゃんから教えられたこと　047

part 2

子どもの"育つ力"を自然に伸ばす……051

子どもの「食べる力」の発育過程

育児に悩むおかあさんが増えている原因はここにある　052

「離乳の基本」に沿った情報　052

8020運動は赤ちゃんの誕生と同時に始まる 055

どの子にも備わっている〝育つ力〟——発育・発達の考え方 057

赤ちゃんには適応能力が備わっている 057

「食べること」は学習して身に付けるもの 058

川の流れに乗せてあげれば自然に前に進む 063

手が自由になれば赤ちゃんはなんでも食べる 065

機能が先か形態が先か 068

手抜き育児のすすめ 070

発育に飛び級はない 070

part 3

赤ちゃんを〝哺乳の達人〟にしよう 075

半年くらいまで 健康な子どもを育てる「**哺乳**」

母乳育児がいちばん 076

乳房哺乳にまさるものなし 076

Contents

母乳の出がよすぎる場合はひと工夫を 078

赤ちゃんを〝哺乳の達人〟にしよう 080

哺乳ビン哺乳の場合の乳首の選び方 080

吸飲型乳首から咬合型乳首に変える場合 084

〝哺乳の達人〟 086

母乳の質をあげよう 087

脂肪過多の食事は日本人には合わない 089

母乳は出るまでに準備期間がある 091

満足するまで飲ませる 093

口呼吸に気づいたら口を閉じてあげる 094

鼻炎による口呼吸には口の基礎体力がモノを言う 095

舌機能訓練でよくなる子、よくならない子 096

哺乳期の食物アレルギーの気を付け方 099

成長したら母乳は飲んではいけないもの 099

アレルゲンを極力つくらないために 100

牛乳はウシの子どもが飲むもの 104

part 4
〝手抜き離乳食〟で健康な子どもを育てよう……107
七カ月くらい～一歳くらいまで
健康な子どもを育てる「離乳食」

育児書は見るな、従うな 108
いまの離乳食は問題だらけ 108
〝哺乳の達人〟を極めたら離乳開始 112
月齢別離乳食はいらない 114
自然界に離乳食はない 115
一番大切なのは親が「バランスのいい食事」をとること 117
離乳期には口移しでも虫歯菌は感染しない 118
これがキム流！ 口の機能の育て方 121
離乳期の食物アレルギーの気を付け方 125
―生後七カ月以降に気を付けたいこと 125
〝手抜き離乳食〟で子どもを元気に育てよう 132

Contents

なんでも口に入れるときこそ、好き嫌いのない子に育てるチャンス 132
バラエティーに富んだ味を覚えさせてあげる 134
お座りができれば子どもにまかせて大丈夫 136
親が食べて美味しいものを与えよう 138

part 5
元気な子どもを育てる「家庭の食事」 …… 145
一歳くらい〜三歳くらい 健康な子どもを育てる**「食生活の基礎づくり」**

「きちんとかめる基礎力」を三歳までに身に付ける 146
「歯があるからかめる」という神話 146
そしゃく能力は食べ物に依存する 150
大きなものを飲み込める能力も大事 152

一歳以降の子どもの発育目安 154
虫歯を予防する食べ方 154
フッ素をじょうずに使って虫歯を防ぐ 156

見た目で食べ物を判断するようになる前に 158
正しい食習慣を身に付けさせる――食事中に水分を取り過ぎない 159
しつけについて 161
気を付けたいこんなこと 164
うつぶせ寝で育てられた子どもに噛み合わせの問題が多い 164
指しゃぶり 167
世代を追って歯は大きくなる傾向にある 170
鼻呼吸をとるか、歯並びをとるか（おしゃぶりを使う） 172
元気な子どもを育てる「家庭での食事」 174
家庭での食事は楽しく、安定したものを 174
食生活を見直そう 175
高カロリー・高脂肪食を「おいしい」と感じる遺伝子 178
ふだんは安定した食生活を通す 179
主食を変えるだけでバランスがよくなる 181
栄養素至上主義の食事はやめる 183
おわりに 187

part

1

「離乳の基本」が子どもを不健康にしている

現状の哺乳と
離乳の問題点

子どもの口に異常が起きている

かまない子、かめない子が増えている

一九八〇年代から食事をかまない、かめない子どもが増えているという指摘が目立ちはじめ、メディアでもかむことの大切さがしばしば取り上げられてきました。

それから二〇年あまりたったいま、事態は好転するどころか、かまない子、かめない子はますます増えつづける傾向にあります。

食事をかむ、飲み込むためには、歯の噛み合わせをはじめあごを動かす筋肉（そしゃく筋）、舌や口のまわりの筋肉、頭を支える筋肉などが大きくかかわっています（図1）。

かまない子、かめない子の増加を映すかのように、ここ数年、一歳六カ月健診や三歳

児健診で不正咬合（不正な噛み合わせ）や顎関節症などの歯科疾患が目だって見られるようになりました（虫歯は減少してきています）。

とくに目立つのが不正咬合の増加です。一歳六カ月といえば前歯が上下にそれぞれ四本程度、奥歯が上あごと下あごの左右に一本ずつ生えてきているかどうかというころにあたりますが、すでにその時期に明らかな不正咬合が見つかるのです。

たとえば上下の前歯だけがぶつかり合って、ちょうどつっかえ棒のような形になり、奥歯を使ってかめないケースもあります。あごの位置を少しずつずらして適度にかめる位置を探しますが、微調整でかめる子どもはまだそれほど心配はありません。なかには歯が極端に曲がって生えているために、調整してもかめる位置が見つからない子どももいます。そこまでいかなくても、ちょっと前歯がガタガタして並びきれていない、このまま放っておくと将来不正咬合になると予想される子どもは多数見られます。

三歳児健診になると、噛み合わせになんらかの問題が見られる子どもは全体の二、三割にものぼります。これは決して少ない数字ではありません。

一歳六カ月健診や三歳児健診で明らかな不正咬合や顎関節症が見られるということは、そこにいたるまでの哺乳、離乳の過程で口の機能の発達に異常が起こっていることは明

らかです。

かまない、かめないことは機能的な問題にとどまらず、その子の健康を生涯にわたって左右しかねない大きな問題です。

私のクリニックでは矯正治療の際、必要に応じて噛み締める装置を口に入れ、かむ訓練をしてもらう場合がありますが、五分もたたないうちに「あごが疲れた」と訴える子どもがめずらしくありません。そのような、かまない、かめない子どもは食事のときにどうするかというと、ほとんど食べものを丸飲みにします。

現代は子どもばかりでなく、親を含めた家族全体が「やわらかい食べ物」を美味しいと感じる時代です。ハンバーグやオムレツ、グラタンなど、あまりかまなくてものどを通ってしまう食べ物ばかりの食生活では、どうしても胃袋に流し込むような食べ方にならざるをえません。かまない、かめない現実とあいまって、子どもはますます食べ物をかまずに飲み込むような食べ方に走ります。これではフォアグラのために口からどんどん栄養を流し込まれるガチョウのようなもので、カロリーの取りすぎから生活習慣病を招くことにもなりかねません。子どもに糖尿病や高血圧といった、かつては成人病と呼ばれた病気が見られるようになった背景には、口の機能異常の問題もからんでいると考

下顎の運動に関与する筋　図1

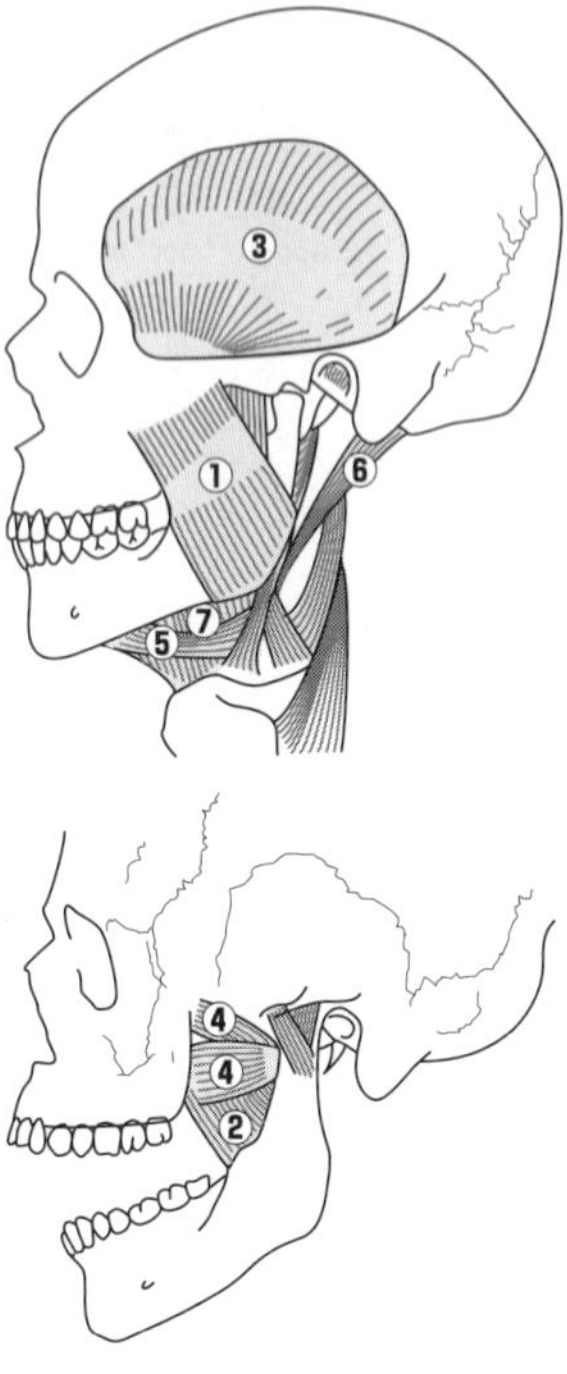

下顎挙上（閉口）
- 前突 ― 咬筋 ①／内側翼突筋 ②
- 後退 ― 側頭筋 ③（側方）

下顎下制（開口）
- 前突 ― 外側翼突筋④（側方）
- 後退 ― 顎二腹筋 ⑤⑥／顎舌骨筋 ⑦／オトガイ舌骨筋

えられはしないでしょうか。

小学校に入ると、学校で歯科検診を受けるようになります。

かつて学校での歯科検診といえば、虫歯を診ることが主体でしたが、いまは虫歯に加え、歯の汚れや噛み合わせ、顎関節症などのチェックが基準として設けられています。

しかし噛み合わせや顎関節症の重要性を意識して子どもたちを診ている先生は、まだまだ少ないのが実情です。

とくに不正咬合の場合、一般歯科と矯正歯科の先生では着眼点がちがうため、おのずと判断基準にも開きが生じがちなものです。矯正歯科の先生のなかには「七割から八割の子どもが不正咬合」というシビアな見方をする先生もいます。

いまは一般歯科の先生方の目にも「歯並びになにかしら問題がある子どもが半数ぐらいいる」と映るほど、子どもたちの口の異常が際立っている時代なのです。

顎関節症は発育不全

顎関節症も明らかに低年齢化が進んでいます。私のクリニックに来る子どもたちのな

かには、幼稚園に通う年齢ですでに顎関節症や顔が曲がっている子どもが見られます。

私が大学に入学した二〇年ほど前は顎関節症はおとなの病気で、小児歯科の先生が子どもにも見られ出したとの報告に驚いていたのを覚えています。

顎関節症とはいわば、あごの関節症です。関節症の場合、たとえば動かすたびにヒザの関節がカクンと音（関節雑音）がする、動かすと痛い、動きが悪いなどの症状が見られます。

顎関節症の場合も、口を開けようとすると耳の前のあたりでザリッ、カクンなどと音がします。人によって耳の前の関節部に痛みが出たり、様々な筋肉が痛いという人もいます。また開口障害といって、痛みのために口が開かない、あるいは何か引っかかって開きが悪いというケースも見られます。

食事をかもうとすると筋肉が痛い、痛みのために口が十分に開かない。それがもとで日々の食事が苦痛になったり、顔が歪むほど激しい疼痛で外出もままならなくなるなど、顎関節症はその人の心にまで影響する病気です。

顎関節症の基質的原因には、あごや口のまわりの筋肉の未発達があげられます。骨（あご）には、周囲の筋肉が動くことで発育するという性質があり、それらの筋肉がな

んらかの事情によって十分に使われない場合、あごの発育も順調に進むことができません。

顎関節症の原因は「歯並びの悪さ」にあるという見方もありますが、歯並びが直接影響することはないというのが私の見解です。顎関節症は本来、腰痛などと同じように、長年にわたって口を使ってきた中高年などに起こりやすい生活習慣病です。その生活習慣病が、まだ生活習慣も身に付いていない三歳未満の子どもたちのあいだで発症していることに私は異常を感じているのです。

何か食べるようなつもりで口を動かしていただくとわかりますが、歯列（骨）を動かしているのは周辺の筋肉です。小学生のころ理科室にあった人体の骨格模型を思い出してください。骨そのものは自ら動くことのない静的なものです。模型の頭蓋骨の下あごに手をそえて持ち上げたり、下げたりすることで、はじめて口（あご）が動きます。これと同じで、歯列そのものも周囲の筋肉によって動かされないかぎり、自ら動くことはありません。

もう一つの原因としては、そしゃくや、歯を食い縛ったり噛み締めたりする際の口のまわりの筋肉の異常な動き方が考えられます。

筋肉そのものが丈夫に育った人では、多少筋肉が異常な動き方をしても症状が出ない場合もあります。たとえば王貞治さんの奥歯はスイングの練習のときの噛み締めですり減っているというのは有名な話ですが、王さんが顎関節症という話は聞いたことがありません。顎関節症は比較的華奢《きゃしゃ》な人に出やすいことがわかっており、男性よりも女性に多いと言われる理由もそこにあるのです。

子どもたちのあいだにも口を開けようとすると音がするという症状が見られ、早い例では小学校低学年から病院に通う子どもも出ています。

中学生になると顎関節症はもはやめずらしい病気ではありません。ただし若いうちは、ちょっとした指導でよくなるケースも見られます。

口を動かしたときに音がするのは顎関節症の予備軍的な症状ですが、音だけでは食事をはじめ生活に不自由がないため、その段階で積極的に病院へ行こうと考える人は少ないものです。しかしこうした症状を放置して異常な筋の動きを続けていくと将来、深刻な状況を招くことも考えられます。

020 顎関節症も不正咬合も生活習慣病

ハンバーガー、カレーライス、オムレツ、グラタン、サンドイッチ、アイスクリーム——これらは現代っ子の典型的な好物ですが、いずれも口あたりがよく、あまりかまなくてものどを通ってしまうものばかりです。

そしゃく器官の発達は「かむ」ことと密接にかかわっています。かむ能力は、ふだんから食生活にいかに「かみごたえのある」（けっして硬いものではない）食材を取り入れているかという食事の内容に深くかかわっています。別の言い方をすれば、やわらかい食べ物が中心の食生活が、顎関節症や不正咬合を招く原因になっているのです。

歯科医師が書いた「歯並びや咬合を治すと頭痛が治ったとか姿勢がよくなった」などといった内容の本を見かけますが、すでに咬合が変わってしまっている高齢者などの場合にはたしかにそのようになることもあります。しかしいまは未就学児から二〇代という若さで、虫歯などなく、ほとんど歯科治療を受けていない人に顎関節症が見られるの

です。歯が健康にもかかわらず若いときから噛み合わせが崩れて顎関節症が出る背景には、咬合の悪さ以前、生活習慣そのものに原因があると考えられます。

私のクリニックでは生活習慣の改善に取り組んでもらうことで、顎関節症や不正咬合などの疾患に効果をあげています。

ふだんの食生活が大きくかかわるという点で、顎関節症も不正咬合も、糖尿病や高血圧といった病気と同様、まさに生活習慣病なのです。

不正咬合は子どもの心にも影響する

不正咬合には、上あごと下あごの骨そのものがバランスを崩してしまっているケースと、歯の生え方が悪い（骨は正常）ケースの二通りがあります。

不正咬合になると、食事をかみにくい以外にも、さまざまな弊害が起こります。一つは、歯並びが悪い場合、本人のコンプレックスにつながることです。

とくに思春期の子どもに見られがちですが、ガタガタの歯並びが気になるために人と話をすることがためらわれる、歯を見せて笑うことができない（笑顔に自信が持てない）

など、コミュニケーションに影響を及ぼすのです。不正咬合は歯科疾患にとどまらず、本人にとって深刻な心の問題に発展することにもつながりかねません。

日本では八重歯を「愛嬌があってかわいい」などプラスに受け止める風潮があり、まわりからそれほど厳しい目で見られることはありません。ところが欧米では、八重歯は「ドラキュラのよう」とマイナスにとられることはあっても、「かわいい」とほめられることはありません。歯並びは発音にも影響するという考え方が一般的で、悪い歯並びは好ましく思われないのです。

また歯並びが悪いと歯周病や虫歯になりやすいこともあげられます。食べたものが詰まりやすく、歯ブラシの先がすみずみまで届きません。ガタガタと重なって生えていた前歯を矯正してきれいに直すと、重なっていた部分に虫歯が見つかることはめずらしくありません。

口の機能の基礎は三歳までに決まる

「大きくなったね」と、ひさしぶりに会ったおじいちゃん、おばあちゃんが目を細め

て声をかけるように、子どもの身体の発育は目に見えるものです。

「かむ」、「飲み込む」という動作はいずれも口に関係がありますが、口の機能の発育については、外から見えるものではありません。それだけにとかく見落とされがちなものです。口の機能とはいったいいつごろ、どれぐらい発育するものなのでしょうか。

私たちおとなは、ふだんなにげなく口のなかで食べ物を左右にころがして交互にかんでみたり、かみくだいたものをゴクンと飲み込んで胃袋に送ったりしています。これはあたり前に見えて、じつはある時期にしっかりとトレーニングを積んだことによる賜物なのです。

そのトレーニングの時期は、オギャーと生まれて間もないころから、ほぼ三歳までの期間にあたります。

誕生から三歳までといえば哺乳（母乳やミルクなど液体から栄養をとる）と離乳（固形物から栄養をとるための移行期間）を経験する時期にあたりますが、口の機能を高めるトレーニングとは、この哺乳・離乳期を通じていかにあごや舌、口のまわりの筋肉を使ってきたかということです。

ここではかむ、飲み込むという一連の動作をスムーズに行える口の機能を指して「口

の基礎体力」と表現することにしましょう。

口の基礎体力づくりでとくに大切なのが哺乳期です。ここでいかにあごや舌などの筋肉を動かして母乳・ミルクを飲んだかによって、子どものその後の口の基礎体力が左右されます。

ある程度成長してしまってから基礎体力の遅れを取り戻すことは容易ではありません（理由はパート2で述べます）。トレーニングが不足すると摂食の問題をはじめ話し方（いわゆる舌足らず）、薬のカプセルなどちょっとした大きさのものが飲み込めないなど、将来にわたって口だけでなく全身の健康にまで影響を及ぼすことになりかねないのです。

具体的なトレーニング方法や、なぜ三歳までかという理由についてはあとで詳しくお話していくことにしますが、ここではまず、乳幼児期がいかに口の機能の発育にとって大切な時期であるかを知っていただきたいと思います。

スポットに舌先がついていない子どもが増えている

ふだん意識することはほとんどありませんが、リラックスしているとき、私たちの舌

図2 スポット

舌の先をいつもつけておく位置

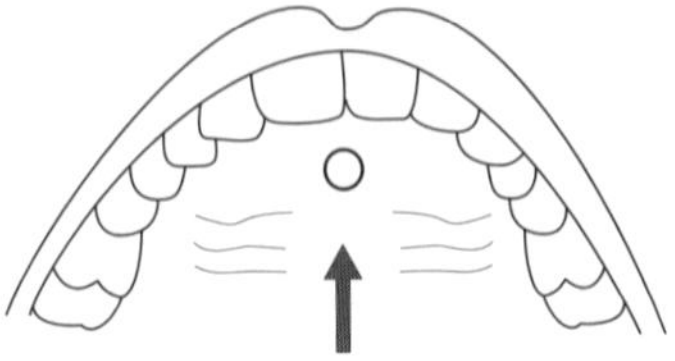

の先は必ずある決まった位置についているものです。じつはこの定位置に舌先がついていることには、口の基礎体力の面からもたいへん意義のあることなのです。

通常、舌の先は上あごの前歯のちょっと後ろあたりに軽くついているはずです。その位置を「スポット」（図2参照）と呼びます。

最近、スポットに舌先がついていない子どもが非常に多く見られるようになりました。私は歯科衛生士学校で歯科矯正学を教えておりますが、毎年、学生に舌の位置についてたずねることにしています。すると半分近い学生から、舌がスポットについていないという答えが返ってくるのです。

スポットに舌先がついていない子の場合、

下あごの前歯の後ろ、それも歯の高さのほぼ下半分ぐらいのところが定位置になっているケースがよく見られます。

テレビでも、舌足らずな話し方をするタレントをときどき見かけることがあります。これは口もと全体がつねにダラリと緩んだ状態にあるために起こります。赤ちゃんのときの口の基礎体力づくりが不十分だった証拠です。

重力に逆らって舌先をスポットの位置に持ち上げた状態を維持するには、それだけ労力を費やさなければなりません。これは生物学的に見ればとても不利なことです。そんな不利なことをなにげなくやってのけられるのは、乳幼児期に身に付けた基礎体力の賜物なのです。

母乳を飲むことがすべての基本

口の基礎体力づくりには哺乳期のトレーニングが欠かせないことについてふれました。では、赤ちゃんはどのようにして母乳を飲んでいるのでしょうか。

一般に「おっぱいを飲む」というと、「吸って」飲むと考える人が多いかもしれません。

正常な哺乳のしかた　図3

A

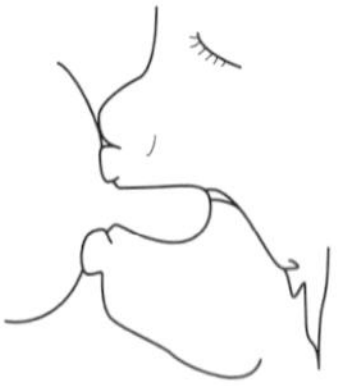

舌全体で乳首を取り巻く舌、頬粘膜、
口蓋と乳首の間に隙間はない

B

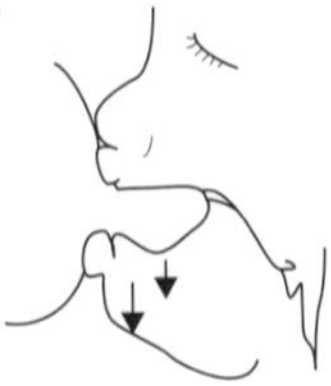

蠕動運動開始
下顎が下方へ引かれる
舌尖の中央部がへこむ

C

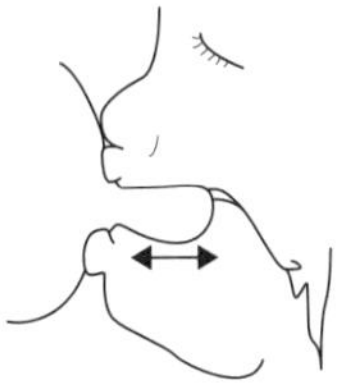

舌が平坦な位置に戻る

D

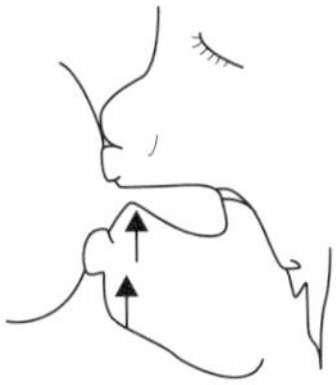

下顎が上昇
舌尖の中央部が上昇してふくらむ

E

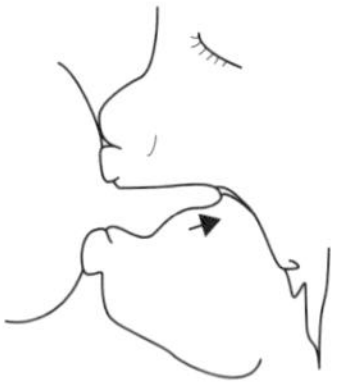

舌のふくらみが後方へ移動して、
ミルクをしぼり出す

F

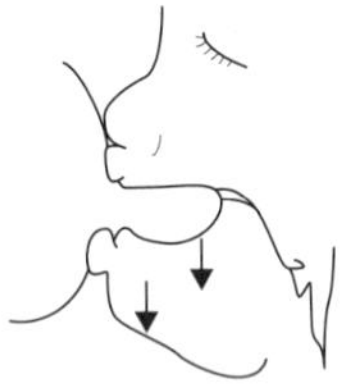

下顎が下方へ引かれる
舌根部の中央部のふくらみが元に
戻り、空洞を作りミルクがたまる

B～Fの繰り返し

K.Eishima.1991より改変

　実際には、赤ちゃんは舌を盛り上げて乳首を上あごに押し付け、圧力を加えて乳汁を絞り出しているのです（図3参照）。このときの舌の動きを蠕動運動《ぜんどう》といいます。ちょうどイモムシが木の枝を這うときのような動きに似ています。舌の動きに同調してあごが上下に動いています。すなわち、かむ動作は哺乳の段階から行なっているのです。

　こうして乳汁を絞り取るためには舌をはじめほっぺた、くちびる、かむ筋肉など、口のまわりの筋肉、ひいては全身の筋肉を使っているのです。母乳を飲み終えた子が全身に汗をかいているのはめずらしいことではありません。母乳の子は固太《かたぶと》りするといわれるゆえんです。

　一見、体の小さな赤ちゃんにはとてもたいへんそうに思えますが、これは赤ちゃんが生命を維持していくために与えられた本能的な飲み方なのです。

「育児書どおりの離乳食」では子どもを健康に育てられない

厚生労働省「離乳の基本」*が諸悪の根源

生まれたばかりの赤ちゃんはほんとうに小さくてかよわく、それだけにはじめての赤ちゃんの子育てにはなにかと不安がつきまとうものです。核家族化が進み、昔のように身近に子育ての知恵や習慣を熟知したお年寄りがいない生活では、おかあさん一年生は育児書を先生代わりに育児に取り組まざるをえません。

そんなおかあさんも二人目、三人目の子になると忙しさも二倍、三倍になり、なかなか一人目の子どものときのようには手をかけられなくなるものです。

ところが矯正歯科の目で見ると、不正咬合が目立つのはたいてい、おかあさんがいち

ばん手をかけて育てた一人目の子どもで、二人目、三人目にいくほど不正咬合は少なくなるのです。あまり手をかけずに育てられた子どものほうが不正咬合が少ないとはどういうことでしょうか。

「育児書のとおりに離乳を進めているのにうまくいかない」
「月齢に合わせてつくった離乳食をぜんぜん食べてくれない」

こんな悩みを抱えて心配顔のおかあさんをよく見かけます。

多くの育児書が離乳期のアドバイスのベースにしているものに、厚生労働省が発表している「離乳の基本」があります。実際に「離乳の基本にもとづいているので安心です」といったコピーをうたった育児書を見かけることがあります。

手をかけたはじめての子ほど不正咬合が多いと言いましたが、育児書どおりにしても離乳がうまくいかないのは、そもそもベースになっている「離乳の基本」に原因があるのです。

37頁に示したとおり、「離乳の基本」では、月齢で区切ってそれぞれ「舌飲み期」（調理形態＝液体）、「口唇食べ期」（同＝ドロドロ状）、「舌食べ期」（同＝舌でつぶせる硬さ）、「歯ぐき食べ期」（同＝歯ぐきでつぶせる硬さ）、「歯食べ期」（同＝歯でかみつぶせ

る硬さ）と基準が示されています。このように月齢で区切ってしまうとどうしても月齢が先行してしまい、それに振り回されてしまう危険があります。

また詳しくは次のパートでお話しますが、「離乳の基本」は必ずしも信頼のおけるデータにもとづいたものではない（健常な乳幼児の摂食についてきちんとした調査を行っていない）ということもここであげておきたいと思います。

現にたくさんのおかあさんが育児書を信じて離乳を進めては思うようにいかず、混乱しています。

赤ちゃんの顔が一人ひとりちがうように、本来、子どもの発育は枠にはめてとらえられるようなものではありません。

口の機能の発育に関する正確なデータはとれない

子どもの口の機能の発育がこれほど大切なものであるにもかかわらず、どうしてこれまで取り上げられなかったのでしょうか。

一つには、赤ちゃんの場合は正確なデータをとることが非常にむずかしいという理由

があげられます。いまはやりのＥＢＭ（Evidence-based medicine＝疫学などの研究成果や実証的、実用的な根拠を用いて、効果的で質の高い患者さん中心の医療を実践するための事前ならびに事後評価の手技・手段）はありません。正確なデータがないだけに、口の機能の発育については発言しづらい部分があるのです。

赤ちゃんのデータ測定では、活用できる機器はかぎられてきます。エコー（超音波検査）で舌の動きをとったり、筋電図（骨格筋の収縮に伴って発生する活動電位を針電極または表面電極で導出し記録したもの）の利用は可能でしょう。ただし正確なデータ測定という意味では、筋電図は必ずしも信頼性があるとは言い切れません。

おとなを対象に測定機器などを着けてもらい、口の動かし方や、何キロの重さでかむのかといったデータを取る方法は開発されています。しかし口の機能が発育する時期がすでに終わっている（61頁図6＝が行きつくところまで行った）おとなでは意味がありません。

口の発育過程を調査する場合、とくに重要なのは生後まもなくから一歳前後のあいだのデータです。

おとなとちがい、言葉を理解しない赤ちゃんを対象に同じ条件下で何回にもわたって

データを収集するのはたいへんなこころみです。

一定の人数の赤ちゃんに、毎回同じ場所、時間に集まってもらうことができたとしても、赤ちゃんですからその時の気分で泣いたりぐずったり、あるいは体調が悪いこともあるかもしれません。加えて、データの正確さを期するためには、協力してくれる赤ちゃん全員に同じ条件の食生活をつづけてもらう必要があります。

それぞれの家庭で、同じ日の同じ時間にまったく同じメニュー、同じ量の食事を長期間つづけてもらうとしたら……。どうやら実現はむずかしそうです。赤ちゃんの場合、正確なデータを収集するための条件がこれだけ整いにくい面があるのです。いまのところ口の機能、発育については臨床を通して得た見解をもとにまとめるところに落ち着かざるをえないのが実情なのです。

子どもによって食べられる時期にはこんなに幅がある

さて、ここで興味深い研究結果をひとつご紹介したいと思います。

35頁図4はあらかじめ二〇種類の食品を選び、それぞれを子どもたちが食べられるよう

になっていく年齢を追って行き、その結果をまとめたものです（坂下玲子氏による。現・兵庫県立大学看護学部看護生体機能学講座助教授）。

この調査は地域的な偏りを避けるために北海道、青森県、岩手県、埼玉県、東京都、福井県、長野県、兵庫県、山口県、鹿児島県、沖縄県の各地区から〇歳から六歳未満の子ども一万四〇〇〇人を対象に、質問用紙を郵送して行われたものです（回収率四八・九パーセント。男子三四九八人、女子三三四二人。一般的な傾向を把握するため、重い病気や出生時の体重が一五〇〇グラム未満のケースを除き、合計六七四七人の集計を行った）。

表中の線は、左から二五パーセント、五〇パーセント、七五パーセントの子どもがそれぞれの食品を食べられるようになる年齢を示しています。中央の数字は、五〇パーセントの子どもが食べられるようになる年齢を表しています。

それぞれの食品の大きさは、一番上のおかゆから肉団子／ハンバーグ以外は、すべて刻んだりしていない三～四センチ以上のものです。

子どもが食べられるようになる年齢を見ると、たとえばきゅうりのスティックでは一歳の少し手前から三歳の手前にわたって線が伸びています。肉の薄切りではほぼ一歳から二歳と六～七カ月ぐらい。ごぼうの煮物にいたっては、一歳二～三カ月あたりから五

各食品を食べることができるようになる年齢 図4

－25、50、75パーセンタイルの年齢－

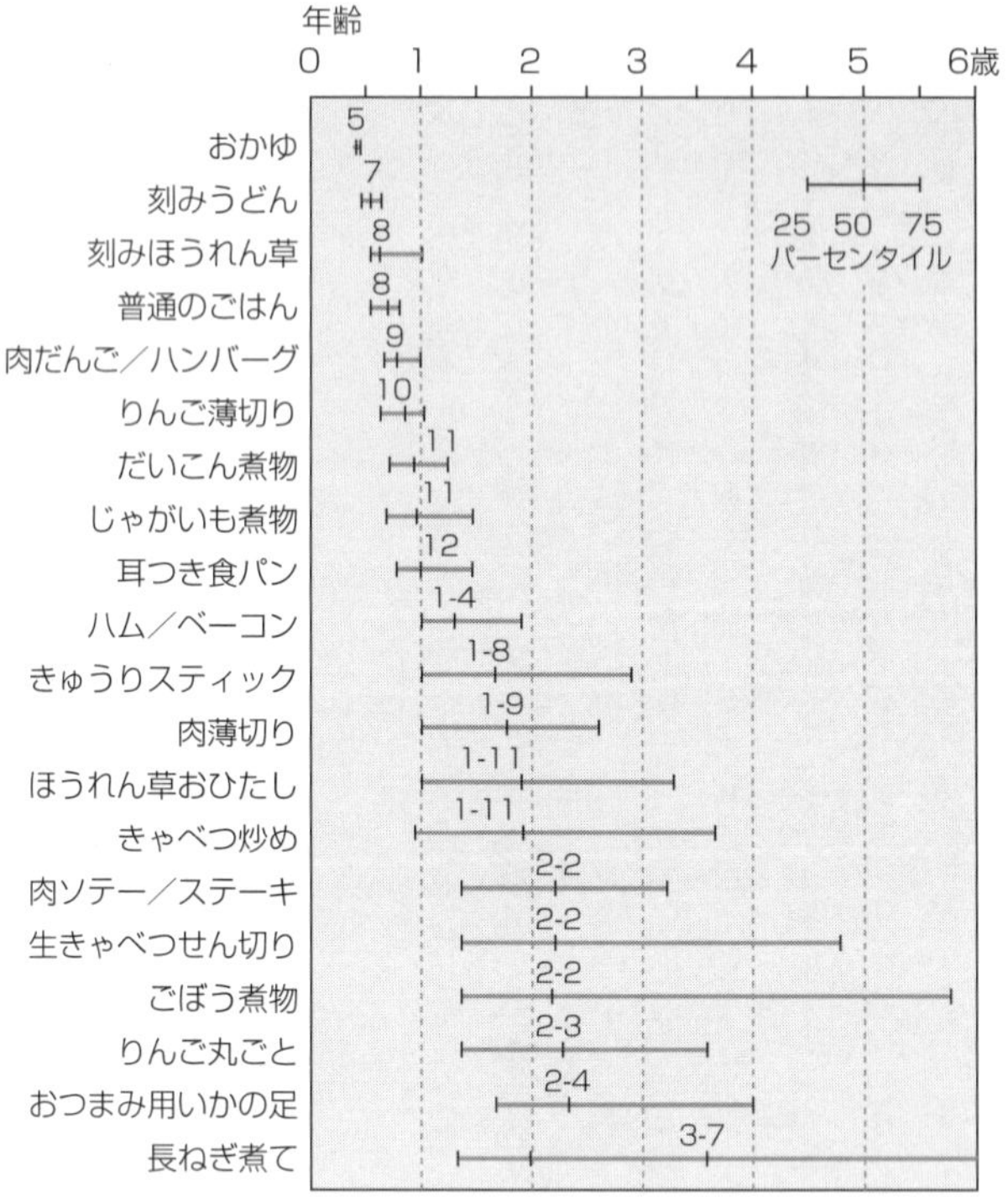

20項目の各食品が子どもたちによって、食べられてゆくようになる年齢です。左から、25%、50%、75%の子どもが食べられるようになる年齢を示しています。中央の数字は50%の子どもが食べられるようになる年齢です。2-4は2歳4ヵ月を表します。食品の大きさは、おかゆ～肉だんご以外は、刻んだりしていない3、4cm以上のものです。大変大きい幅があることがわかります。

歳七～八カ月までと、じつに大きな幅があることがわかります。

ここで最も見ていただきたいのは左端の子どもたちです。二五パーセントの線のさらに左には二五パーセントの子どもたちがいるのです。これを見ると一歳前後でほとんどの食品を食べているということです。逆に、七五パーセント線の右にも二五パーセントの子どもがいます。口の機能を十分発育させるためには、どうすべきか考える必要があるのです。

いずれにせよ、一つの食品でもこれだけ食べられるようになる年齢に大きな開きがあるのです。子どもの発育に標準の枠をはめるという「離乳の基本」のやり方には疑問を感じざるをえません。

行政に組み込まれている保健所では「離乳の基本」をもとにした離乳指導を行っていますが、現場で指導にあたっている保健師さんのあいだにも、以前から「離乳の基本のとおりに指導してもなかなかうまくいかない」という声があがっています。

「離乳の基本」が発表されてから二〇年あまり。厚生労働省は現場の声にもっと耳を傾け、「離乳の基本」について早急に見直しを行う必要があるのではないでしょうか。

離乳食の与え方 図5

離乳食の進め方の目安

区分			離乳初期	離乳中期	離乳後期	離乳完了期
月齢（か月）			5～6	7～8	9～11	12～15
回数	離乳食（回）		1→2	2	3	3
	母乳・育児用ミルク(回)		4→3	3	2	※
調理形態			ドロドロ状	舌でつぶせる固さ	歯ぐきでつぶせる固さ	歯ぐきで噛める固さ
一回当たり量	Ⅰ	穀類（g）	つぶしがゆ 30→40	全がゆ 50→80	全がゆ(90→100)→軟飯80	軟飯90→ご飯80
	Ⅱ	卵(個)	卵黄 2/3以下	卵黄→全卵 1→1/2	全卵 1/2	全卵 1/2→2/3
		又は豆腐(g)	25	40→50	50	50→55
		又は乳製品(g)	55	85→100	100	100→120
		又は魚(g)	5→10	13→15	15	15→18
		又は肉(g)		10→15	18	18→20
	Ⅲ	野菜・果物(g)	15→20	25	30→40	40→50
	調理用油脂類・砂糖(g)		各0→1	各2→2.5	各3	各4

※牛乳やミルクを1日300～400ml

「離乳の基本」厚生労働省（1995）より

高度経済成長期のアメリカ式育児の弊害

数年ほど前になるでしょうか。ニュース番組などで「ポカン口」という現象が取り上げられ、なにかと話題にのぼりました。

とくに一〇代、二〇代という若い世代に、ふだんポカンと口を開けたままの状態が当たり前になっている人が目立つことから注目されはじめました。電車に乗っているときも授業中も、街中を歩くときも始終、口はポカンと開いたままです。

お気づきかもしれませんが、無意識のうちに口が開いてしまうポカン口も、口の基礎体力が十分にないために起こる現象です。そしゃくと同様、哺乳、離乳という大切な過程で、口の機能を高めるトレーングを十分しないまま成長してしまった世代なのです。

このポカン口は現代人に増えつづけていると言われています。

すでに一九八六年に『かまない子　かめない子』（同時代社刊・家庭栄養研究会編）という本が出版されていますが、当時から子どもたちの口の基礎体力低下の問題は存在していました。数年前にポカン口としてマスコミで取り上げられた若者たちは、まさにそ

の頃に幼児期を過ごした世代です。

しかし現実には、すでに戦後の高度経済成長期から子どもたちの口の基礎体力は下降線をたどりはじめていたのです。

一九六〇年代から七〇年代にかけて高度経済成長期をむかえていた日本では、人びとの暮らしが豊かになりはじめるなか、アメリカ文化の吸収が急速に進みました。「進んだ国アメリカ」に対して羨望の眼差しを向け、それに追いつけ追い越せとばかりに映画、音楽、ライフスタイル、ファッションから食生活にいたるまで、アメリカ式のものなら両手放しで受け入れたのです。

そうした社会背景のなか、子育てにもアメリカ式のやり方が輸入されました。そのとき入ってきたものの一つに哺乳ビンがありました。

それまで赤ちゃんを母乳で育てていたおかあさんたちのあいだにも、「ミルクのほうがカッコいい」、「哺乳ビンで育てるほうが進んでいる」という考え方が広まり、哺乳ビンは急速に普及していったのです。

いま思えば、この哺乳ビンの普及が子どもたちの口の基礎体力が下降線をたどりはじめるきっかけでした。

当時の哺乳ビンの乳首は、赤ちゃんが軽く吸えば簡単にミルクが飲めるものでした。それだけに、おかあさんにとっては手がかかりませんし、赤ちゃんにとっても、母乳に比べれば哺乳ビンはじつに楽なものでした。ミルクを飲めば体重は順調に増えていきます。

ところが哺乳ビンは楽なぶんだけ、母乳なら当然発達するはずだった赤ちゃんのあご、舌、くちびるやほおの筋肉が使われることがなくなりました。こうして口の基礎体力ができないまま離乳期を迎えてしまった赤ちゃんたち。当然、離乳はうまくいくはずがありませんでした。

こうしてすでに七〇年代の半ばぐらいから、幼稚園や保育園でもかめない、飲み込めない子どもが目立ちはじめたのです。

母乳離れが進む一方、こうした新たな問題が出てきたため、厚生省（当時）は準備を進め、一九八〇年（昭和五五年）に「離乳の基本」を発表するにいたったのです。

いまはこうした反省もふまえ、子どもの口の機能の発育を考慮した咬合型の乳首というものが発売されています。メーカーによって多少特徴には違いはありますが、母乳に近い飲み方をすることでミルクが出てくるような工夫が取り入れられています。

経管栄養を経験した子どもに摂食の問題が多い

経管栄養という言葉を聞いたことがあると思います。

なんらかの病気や障害のために口から食事をとれない患者さんに、鼻から胃までチューブを通して液状食を流し込み、生命の維持に必要な栄養をとってもらう方法です。経管栄養はおとなばかりでなく、とくに大きな病院のＮＩＣＵ（新生児集中治療施設）やＩＣＵ（集中治療室）では、未熟児やなんらかの病気、障害のために自分で栄養をとれない赤ちゃんに適用しているところが少なくありません。

ところが経管栄養を経験した子どもに、摂食障害をはじめとする口の機能の問題がしばしば見られるのです。

チューブをとおして栄養（ミルク）を吸収するため赤ちゃんの体重は日を追うごとに増えていきます。ところが母乳や一部の哺乳ビンとちがい、チューブでは自分の口を動かす必要がありません。そこに問題があるのです。

たとえば未熟児で生まれた赤ちゃんが大きくなって退院を迎えます。ところがいざ母

乳（ミルク）を飲ませましょう、離乳食をあげましょう、という段になって、おかあさんはたいへんな苦労をすることになるのです。

それまでチューブを通して栄養をとっていた赤ちゃんは、飲み方を忘れていますし、どうしたら食べられるのかを学習していませんから口から栄養がとれません。ですからおかあさんがいくら母乳やミルクをあげようとしても飲むことができませんし、ましてや離乳食（固形食）がすぐに食べられるわけがないのです。

子どもの口の発達について知らない医師が多い

口唇口蓋裂の赤ちゃんも同じような状況に置かれています。口唇口蓋裂とは、唇や上あご、口蓋、口蓋垂（のどちんこ）などがくっついていない状態（癒合不全）を言います。

口唇口蓋裂の赤ちゃんは上あご（口蓋）ができていないため、舌と上あごで乳首に圧力をかけてミルクを飲むことができません。そこで、口腔外科では赤ちゃんに合わせたサイズのプレート（正式には哺乳床、あるいはホッツ床＝開発者であるスイスの学者、

マーガレット・ホッツ氏の名から）をつくり、上あごの役目を果たすようにします。プレートが入ることで、赤ちゃんは圧力をかけてミルクを絞り出して飲めるようになります。

ところが口唇口蓋裂専門の大きな医療施設などでは、プレートを入れた赤ちゃんに、プレートが開発される以前と変わらないミルクの飲ませ方をしているところがほとんどです。先にアメリカ式育児の弊害の項でお話したような、赤ちゃんが軽く吸うだけで、または流し込み式で（何もしなくても口にミルクが落ちてくる）ゴクゴクとお腹にミルクが流れ込むような乳首で哺乳を行っているのです。これでは経管栄養となんら変わらず、赤ちゃんは口の基礎体力をつけることができません。

小児科では赤ちゃんの体重を増やすことが優先されがちですが、口蓋裂の赤ちゃんもそれに近い状況に置かれていると言わざるをえません。

日本ではすでに二〇年ほど前から、口蓋裂の赤ちゃんにプレートを用いる方法が取り入れられています。上あごの役割をはたすプレートを入れた赤ちゃんに、ほとんど口の筋肉を使わずにミルクが飲める流し込み型の乳首を用いることは本末転倒と言っていいでしょう（口蓋裂の赤ちゃんは口の中の手術をするまで吸引できません）。

先にあげたような大規模医療施設では、さまざまな診療科から医師が集まり、ひとつのグループとして口唇口蓋裂の診療にあたるケースが多いものです。しかし医科大学や歯科大学では口の発達についてはほとんど教えていないのが現状です。そのことで被害をこうむるのは生まれたときになんらかの障害を持つ子どもや未熟児、そしてその子どもたちのおかあさんなのです。

食べることは一生を決めるといっていいほど大切なことです。

医療機関でも哺乳からきちんと変えることで、こうした被害を防ぐ配慮が必要だと痛感しています。

マウスの哺乳実験でわかったこと（人工哺乳と自然哺乳）

先に経管栄養と摂食障害の関係についてお話しましたが、それに関連した興味深い実験結果がありますので、ここで簡単に紹介することにしましょう。

この実験は鹿児島大学歯学部の歯科矯正学講座で取り組んだもので、当時大学院生だった私も参加しています（「授乳形態と顎発育に関する実験的研究」、西日矯歯誌、一九

八八）。

マウスをふたつのグループに分け、それぞれ自然哺乳と人工哺乳で育て、両者のあごの発育を経過を追って調べたものです。実験はマウスの離乳の時期にあたる生後三週間まで続けられました。

自然哺乳のグループの子マウスには母マウスから直接乳汁を飲ませました。一方の人工哺乳は、あらかじめ母マウスから搾乳機を使って搾乳した乳汁を、子マウスにスポイトで与える方法をとりました。

自然哺乳の場合、母マウスの乳首は孔が小さく、子マウスはかなり努力して乳汁を飲むことになります。それに対してスポイトによる人工哺乳では、乳汁を簡単に飲むことができます。ちょうど先にあげた経管栄養に近い条件にあたります。

データの正確さを期するために、まず、人工哺乳を行うマウスの体重を自然哺乳のマウスとほぼ同じぐらいになるまで育てる必要がありました。母マウスから搾乳した乳汁をスポイトで与えて、自然哺乳のマウスと変わらない大きさまで発育させます。次頁右の写真はマウスを人工哺乳している様子です。

結果は、人工哺乳のマウスの全身には発育の遅れは見られませんでしたが、自然哺乳

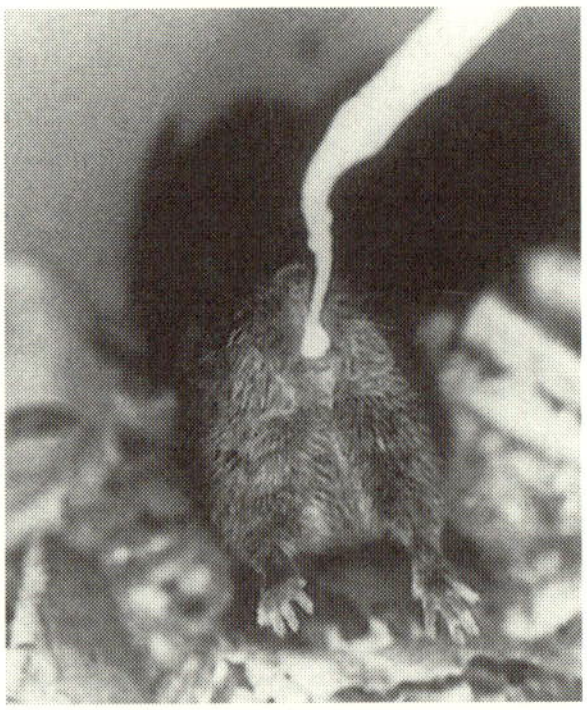

▲マウスの人工哺乳

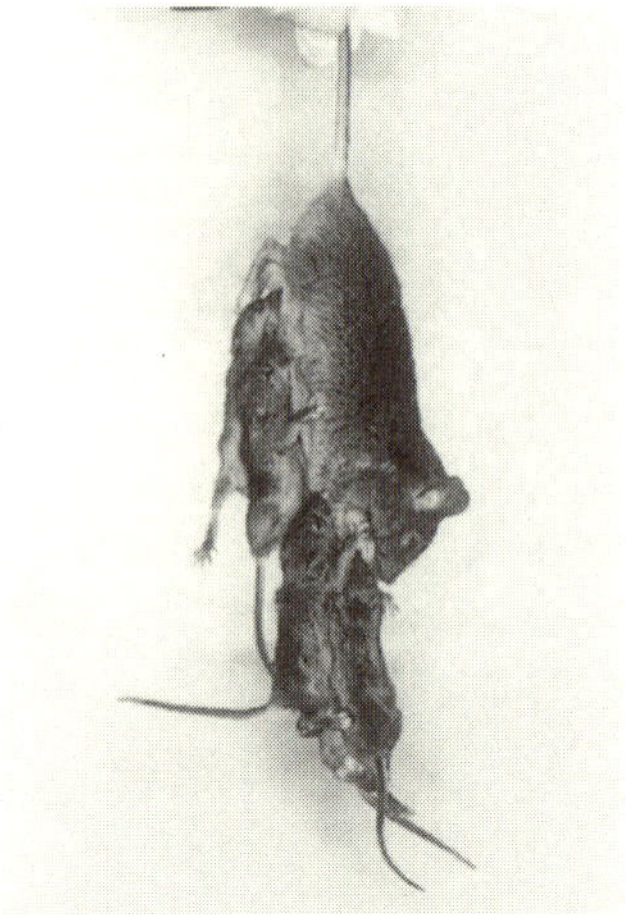

◀自然哺乳時の吸啜力の強さがわかる

のマウスにくらべてあごが細く、関節やそしゃく筋などに発育の遅れが見られました。

上（左）の写真は哺乳中の母マウスの尻尾をつまんで持ち上げているものです。子マウスが鈴なりになってぶらさがっています。体は小さくても、いかに強い力で乳汁を飲んでいるかがわかります。

ときおりテレビの科学番組などで「未来の日本人の顔」と称して、横幅が狭くあごの細い顔が描かれていたりしますが、口の基礎体力がとことん落ちてしまうと、まさにあのような顔になるのではないではないかと少し複雑な思いがします。

話がそれましたが、いかに乳児期の哺乳の仕方がその後の口の機能に影響を与えるもの

かがおわかりいただけたことと思います。

口唇口蓋裂の赤ちゃんから教えられたこと

私が松山に矯正歯科クリニックを開業して二〇〇四年で八年目になります。この間さまざまな患者さんの診療にあたってきました。そのなかでもとりわけ口の機能の発育がいちじるしい二、三歳までの時期を、口唇口蓋裂の赤ちゃんの診療を通して継続的に見てきました。

クリニックで診療にあたってきた口唇口蓋裂の患者さんは二〇〇人あまり。開業当初から診療にあたった赤ちゃんのなかには、すでに小学生になっている子もいます。

これまで学会誌などでは、口唇口蓋裂児を口の機能異常者として扱ってきました。しかしこれまでの哺乳指導、離乳指導を通して、口唇口蓋裂の子どもの口の機能は食べること、飲むことを含めむしろ正常であると考えています。

口唇口蓋裂で生まれた赤ちゃんは一歳六カ月〜二歳で口蓋の手術を終えるまでプレートを入れてすごします。

クリニックでは赤ちゃんがプレートを入れた状態で、飲む、かむといった口の機能を十分伸ばしてもらうことを重視した哺乳指導、離乳指導を行ってきました。

それは子どもの食べる力の発育過程をふまえ、生後六カ月までに〝哺乳の達人〟（あごや舌、くちびるなどを十分に動かしてミルクを飲むことで口の基礎体力をつける）になること。〝哺乳の達人〟をクリアしたうえで離乳を開始し、一歳で親と同じものが食べられるようになることを目標に、身体的な発達・成長（ハイハイ、お座りなど）をみながら、子どものほうから離乳するタイミングに合わせること。こんなシンプルでわかりやすい方法です。

余談ですが、生物学的には子どもが一歳になるころから母乳に含まれる栄養価はどんどん下がると言われています。ですから子どもはその頃には親が口にしているものを食べられなければ十分な栄養がとれなくなるのです。昔から断乳は一歳でと言われてきましたが、それもうなずけるような気がします。

私は先の方法で、ほとんどの子どもが一歳になるころには家庭の食事をなんの問題もなく食べられるようになるのを見てきました。みんな、哺乳、離乳を通して飲む、かむといった「食べること」をしっかり学習して身に付けることができています。

口の機能異常はむしろ健常児のあいだで増えつづけている現象なのです。その背景には厚生労働省の「離乳の基本」をテキストにした、誤った離乳が堂々と育児書でとりあげられ、行政による離乳指導が行われていることがあげられます。

現状では健常児の哺乳、離乳について指導を行っている医療機関はありません。乳幼児を診るといえば産科、小児科、小児歯科などが該当しますし、摂食ということでは栄養士も指導を行っています。しかし産科は生後一カ月健診で手を離れますし、小児科医は口の機能のことは専門外。小児歯科はどうかといえば、歯をメインに診ているため、子どもに歯が生えてこなければやはり対象外です。栄養士は栄養素や食品にまつわることが主体ですから発達のことはわかりません。

医科大学や歯科大学では口の発達についてはほとんど教えていないのが現状ですから、口の発達異常を診断、治療する機関もありません。

そのようななかで、私は口唇口蓋裂の赤ちゃんの診療を通して口の発達の大切さを教えてもらった数少ない歯科医師の一人ではないかと思っています。

本書は二〇〇四年六月に初版が発行されて十二年が経過しました。修正しておかなければいけない点がありますので、ここで補足しておきます（二〇一六年九月現在）。

＊29P

「離乳の基本」は平成十九年三月に「授乳・離乳の支援ガイド」として見直されています。しかし、離乳に関しては少々の変更はあるものの、大筋では変わっていません。本書で書いている問題は解決されていません。

part

2

子どもの“育つ力”を自然に伸ばす

子どもの
「食べる力」の発育過程

育児に悩むおかあさんが増えている原因はここにある

「離乳の基本」に沿った情報

子どもの発育を標準の枠に収めようとすることには限界がある——パート1では、だれもが信じて疑わない「離乳の基本」が、じつは離乳期の赤ちゃんを持つおかあさんを混乱に陥れている元凶だったというお話をしました。

赤ちゃんが月齢に見合った離乳食を食べてくれないと、おかあさんは「どうもウチの子は発育がおそいのでは」と不安になります。また、歯がなくても硬い食べ物に興味を示す赤ちゃんもいるはずですが、「まだウチの子は八カ月だから早すぎる」と疑いもせずに判断してしまう。このように、たくさんのおかあさんが知らず知らずのうちに月齢

に縛られているのです。

食べ物ひとつとっても、子どもによって食べられるようになる時期には三年も四年も開きがあるという調査結果（35頁図4）でも明らかなように、発達にはその子なりのペースがあります。

重要なのは標準値ではなく、その子なりの可能性を生かして、自立する方向にいかに伸ばしていくかということではないでしょうか。

そのへんをふまえ、私のクリニックではどのおかあさんにも「育児書は見ない」、「月齢別の離乳食はいらない」という姿勢で離乳に取り組んでもらってきました。結果はパート1でもお話したとおり、おかあさんが拍子抜けするぐらい赤ちゃんたちはたくましく成長していきました。

赤ちゃんはもともと素晴らしい適応能力を備えています。出生ひとつとっても、おかあさんのお腹のなかで一〇カ月も水中生活を送ったあと、産声を上げた瞬間からみごとに空気中での生活に適応するのですから。

パート1で少しふれましたが、「離乳の基本」はもう一つ、忘れてはならない問題を抱えています。それは、必ずしもきちんとした調査によるデータにもとづいたものでは

ないということです。

「離乳の基本」がどのようなデータをもとにまとめられたものかはほとんど知られていません。これはもともと障害児の摂食指導に取り組んできた医師らによって、障害児のあごやほお、舌の動きなどを月齢ごとに追い、それをベースに各月齢に見合った（見合いそうな）食べ物の形状をまとめているのです。

パート1で述べたとおり、現代でも乳児の舌の動きを正確に測定することには限界があります（ただし口の動きからある程度、推測することは可能です）。

また発育に個人差があるのは障害児も同じです。私の経験では、障害児の離乳指導に「このとおりにやればうまくいく」というマニュアルはありません。子どもによって開きがあり、二歳でおとなと同じ食べ物を食べられるようになる子もいれば、三歳、四歳までかけてゆっくり離乳する子どももいて、これはもう千差万別です。

「離乳の基本」の発表にこぎつけるまでには研究の苦労もあったと思いますし、育児の苦労が少しでも軽減できればという喜びや期待もあったかもしれません。

しかし「生後何カ月から何カ月までは○○」という平均値に一人ひとりの赤ちゃんを合わせることに無理があることに変わりはありません。また、たくさんのおかあさんが

「離乳の基本」に沿った育児をしている現状のなかで、子どもたちの口の機能異常がいっこうに減らないのはどうしたものでしょう。

少し過激な言い方かもしれませんが、行政自ら長年にわたってかめない子、飲み込めない子をつくっているのではないか、そんな思いを抱かざるをえません。

8020運動は赤ちゃんの誕生と同時に始まる

ご存じのとおり、日本歯科医師会では「8020運動」を展開しています。これは「八〇歳になっても二〇本、自分の歯を保ちましょう」というスローガンを掲げ、一生自分の歯で健康な日常生活、楽しい食生活を送ることを目標に、子どものころからの正しいデンタルケアなどを推進するこころみです。

8020運動に取り組む日本歯科医師会では、赤ちゃんには母乳が好ましいことをはじめ、哺乳期から離乳期の大切さをうたっています。ところが資料に目をとおしてみると、離乳食については限られたことしかふれていませんし、離乳期以後は「よくかんで食べましょう」とさらりと流しています。なぜ哺乳期から離乳期が大切で、具体的にど

のようなケアをすればいいかについては説明がありません。現実にかめない子どもが増えているのに、「よくかんで食べましょう」だけでは不十分です。

人間の脳の発育は三歳までにほぼ八〇パーセントまで進むことがわかっています（61頁図6参照）。そして口の機能の発育は、脳の発育と表裏一体になっています。哺乳期、離乳期は子どもの口の機能発達にとっていちばん大切な時期にあたります。

日本歯科医師会でもより積極的に調査を積み重ねて、かめない子、かまない子をなくしていく努力が必要ではないでしょうか。

口の発達について歯科医師が詳しく学び、診療、治療にあたれる時代が一日も早く訪れることを願ってやみません。

「8020運動」は赤ちゃんが生まれたときからすでに始まっているのです。

どの子にも備わっている〝育つ力〟——発育・発達の考え方

赤ちゃんには適応能力が備わっている

「子どもは放っておいても育つからだいじょうぶ」

かつては子育てを熟知しているお年寄りが、こんな言葉で新米おかあさんの背中を押してくれたものです。

実際に赤ちゃんの適応能力には素晴らしいものがあります。生まれ落ちた瞬間から誰に教わらなくても肺呼吸をはじめますし、おかあさんのおっぱいの飲み方だって知っています。赤ちゃんはみごとなまでの適応能力を備えてこの世に生まれてくるのです。

矯正歯科の立場から見ても、長女、長男はかまいすぎる傾向があるためか、第一子ほ

ど歯並びに問題が見られがちです。

とかく月齢中心の育児では、「よその子に比べてどうか」ということが気にかかったりするものです。硬いもの、大きなものを食べられない子どもは、まだその準備ができていないというだけのことですし、よその子に比べて早くからいろいろな食品を食べられたからといって、特別おりこうさんということでもありません。子育てにおいて大切なことは、ほかの子と比べてどうかということではなく、前よりもじょうずに食べることができたとか、少しだけ大きなものが食べられたなど、その子なりに進歩したことをほめてあげるべきではないでしょうか。

発育の仕組みはじつに精巧に仕組まれたもので、一つの段階を経なければ次の段階には進めないようにできています。ですからあせらずにその子のペースで一つひとつ、赤ちゃん時代に与えられた〝宿題〟にコツコツ取り組むことが自然にかなっているのです。

「食べること」は学習して身に付けるもの

人間を含め、動物にとって「食べる」ことは、生命を維持するためになくてはならな

い行為です。それだけに食べることは最も原始的な機能と言っていいものです。

赤ちゃんは成長するにつれて「飲むこと」から「食べること」へと移っていきます。本能的に知っている母乳の飲み方とちがい、そしゃくは子どもが学んで覚えていくものです。鳥のヒナが親鳥と同じように飛べるまで練習する姿を見たことはありませんか。それと同じで、人間の子どもには「食べること」（そしゃく）を学ぶ時期があるのです。時期に多少の開きこそあれ、食べる機能は赤ちゃんが目の前の〝宿題〟を一つずつ自然にクリアしていくにしたがって身についていくように仕組まれています。

私たち人間の発育に関する興味深いデータがありますので、ご紹介したいと思います。61頁の図6は、「ハリスとスキャモンの臓器発育曲線」といって、人間の臓器の発育の推移を表したものです。おとな（二〇歳）を一〇〇パーセントとして、そこに到達するまでに、それぞれの臓器がいつごろ、どれぐらい発育するのかを曲線で示しています。

人間の臓器の発達には、大きくわけて「リンパ型」、「生殖型」、「一般型」、「神経型」の四つのパターンがあります。

リンパ型には、たとえば胸腺が当てはまります。曲線を見ますと、一二歳になる少し手前までは急速に発育し、一九〇パーセントあまりという成人をはるかに超えたところ

まで機能が跳ね上がり、その後、一〇〇パーセントまで落ちています。

生殖型は思春期を境に急速に発育を遂げる様子がうかがえます。

一般型の曲線は、体重や身長といった身体の発育の推移を表しています。四歳ぐらいまで比較的速い速度で成長し、一時期停滞して、思春期のころにふたたび大きくなることがおわかりいただけると思います。

神経型の曲線は脳の発育を示しています。これによれば、脳は八歳から一〇歳ぐらいのあいだにおとなの九〇%を越えるまでに発育することがわかります。

この四つの中で、「食べる」機能（そしゃく機能）はどれにいちばん近いものでしょうか。

筋肉は脳の指令によって動くことが知られています。筋肉を動かすこと（すなわち運動）の発達にも優先順位があり、生命維持に直結する運動は当然早く発達を遂げなければなりません。

つまり、食べる機能はこの四つのパターンのなかで神経型に含まれ、生命の維持に最も大切なことですから、この神経型よりも立ち上がりが早いと考えられます。食べる機能を曲線で示せば、三歳前後まで急な角度を描いて上昇し、三歳ごろには八〇～九〇パ

ハリスとスキャモンの臓器発育曲線　図6

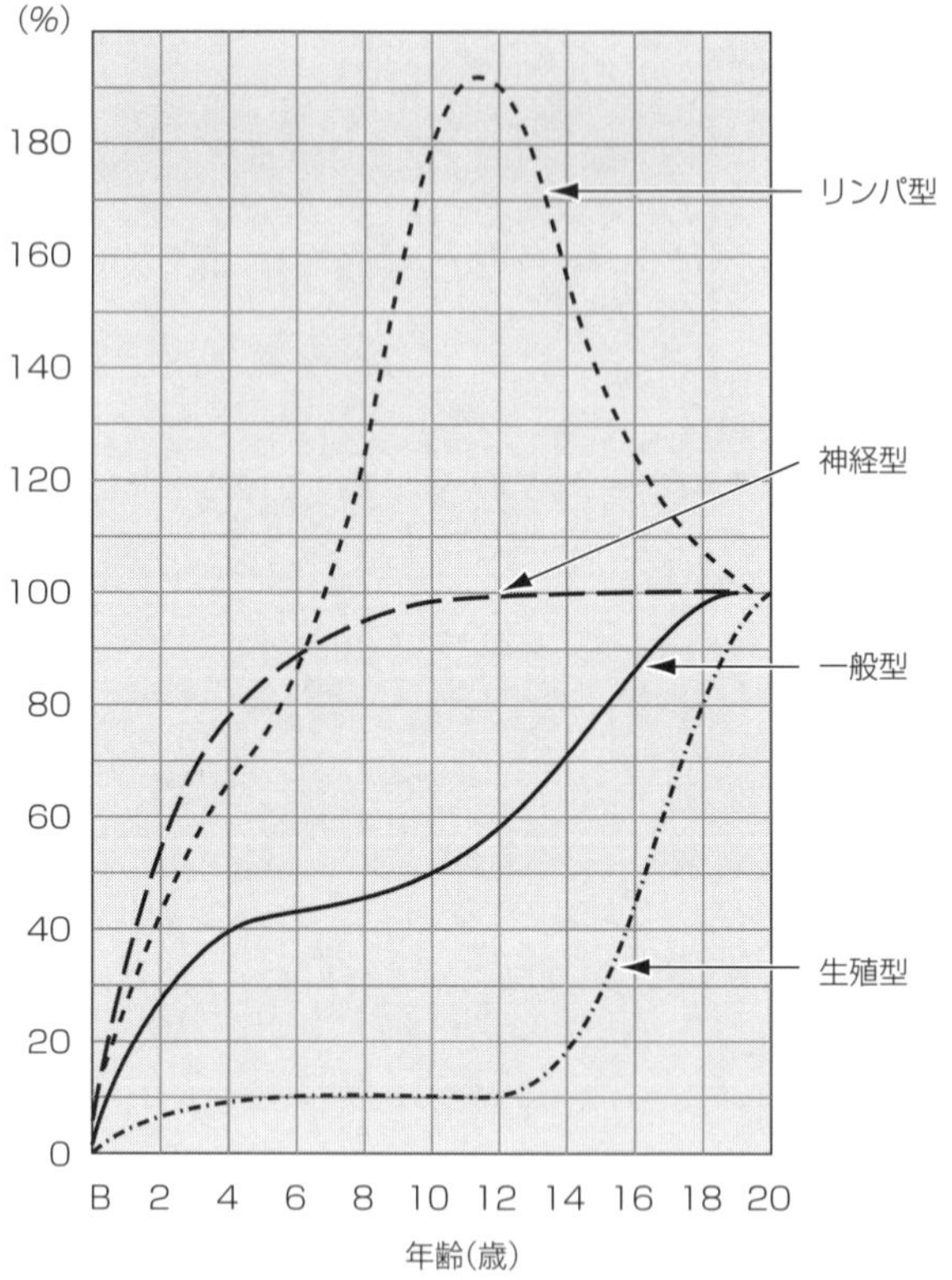

臓器によって発育の時期・速度あるいは発育の推移などが異なる。成人になってからは徐々に下降線を描く(Harris と Scammon による)

そしゃく機能の発達曲線　図7

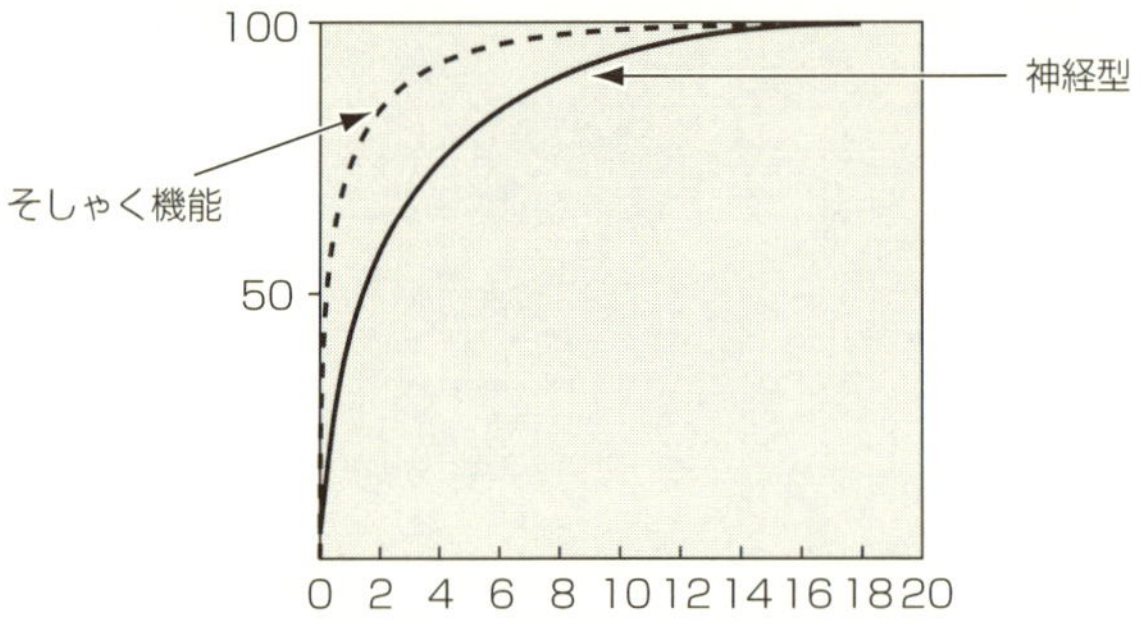

神経型と同じ発育パターンを示すが脳の発達よりも早期に発達を開始し、早期に成熟すると考えられる。

ーセントになり、八歳から一〇歳ぐらいまでのところで発育がほぼ完成すると私は考えています。

パート1で口の基礎体力についてふれましたが、まず哺乳期にしっかり筋肉を動かして母乳やミルクを飲むこと、その基礎を積んだうえで離乳期にさらにトレーニングを重ねることが基本中の基本であるとお話ししました。上の図7からも分かるとおり、口の基礎体力づくりにとっていちばん大切な時期は哺乳期と離乳期です。

病気などなんらかの事情でこの時期を逃してしまったら、八歳から一〇歳を迎えるころまでに取り戻してあげることです。この年齢までならトレーニングによってある程度遅れ

を取り戻すことは可能と考えられます。

川の流れに乗せてあげれば自然に前に進む

くり返しになりますが、発育には必ずこなさなければならないステップ（一定の手順）があります。それをふまえたうえで、そしゃくの学習期間について知っていただき、この時期に与えられた〝宿題〟を赤ちゃんが一つずつじっくりとこなしていくことが大切です。

発育とは、ちょうど川の流れに乗るようなものです。船着場からボートに乗って流れに乗ってしまえば、日によって進む速度に遅い、早いはあっても、川の水は河口に向かって流れているので自然に先に進んでいきます。

もし途中、どこかで寄り道をしていることに気づいたら、ふたたび赤ちゃんが乗ったボートを川の流れに乗せてあげることです。

たとえばなんらかの病気が原因である人の言語機能に障害がでたとしましょう。それまでふつうに日常会話をしていた状態を一〇〇パーセントとして、それが六〇パーセン

トまで落ちてしまったとします。この場合、リハビリによってその人の言語機能を八〇パーセントまで取り戻すことは不可能ではありません。

一方、言語機能が発育する時期そのものをなんらかの事情によって逃してしまい、六〇パーセントの機能でとどまっている状態から、トレーニングによって八〇パーセントまであげるには、本来一〇〇パーセントまで発育していたケースとは比較にならないほどの時間と労力を必要とします（図8参照）。

一定の期間に十分発育していれば、「いかに会話するか」、「いかに言葉を発するか」を経験として知っているため、本来の能力を取り戻すにも、たどっていく道筋がついている

キャッチアップとリハビリの違い　図8

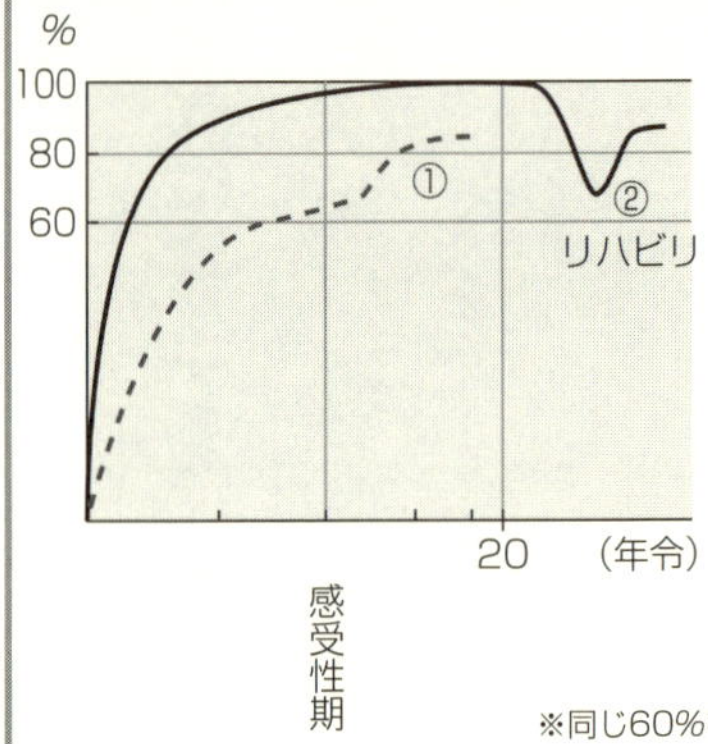

①キャッチアップ（Catch-up）
感受性期（発育・発達の最適・決定的な時期）を過ぎて機能を上げることは、可能であるが相当の努力が必要となる。

②リハビリ
機能を獲得していたが何らかの障害で機能が低下し、再度上げていく。基質的原因が解決すれば容易。

※同じ60%を80%に上げるのにも大きな差がある

のです。一方、学習するべき時期に十分にマスターしていない場合、「会話すること」、「言葉を発すること」とはどういうものかという基礎そのものがないため、戻ろうにも、たどっていく道筋がありません。取り戻す労力は先の例の比ではありません。

それだけに学習できる期間を逃すことなく川の流れに乗せてあげることが大切なのです。

手が自由になれば赤ちゃんはなんでも食べる

人間は二足歩行をするようになってから、自由になった両手を使って道具をつくるようになり、脳が爆発的な発達を遂げたといわれています。

赤ちゃんの手が自由になることにも、じつはとても大切な意味があります。手が自由になりはじめると、口の機能も一気に伸びていくのです。

手と口の機能の密接な関係については、養老孟司さんがその著書『バカの壁』に、とても興味深い記述をされています（原著九八～一〇〇ページ）。

「身体の問題というのは、脳の面から見るとどうなるのか。人間の脳では、てっぺん

の部分で足を司り、その下が太腿、さらにその下が腹、という風になっています。実際の位置とは丁度逆転した形になっているのです。ところがこれが首のところまで来ると、そこで順番がまた逆転して今度は頭のてっぺんを司る、という構造になっています。

つまり足→太腿→腹→胸→首と来たら、順番からいくと、普通はそのまま、顎→口→鼻→目→頭、と丁度逆立ちをしているような順番になるはずです。しかし、実際には首の次は頭→目→鼻→口→顎という風に、脳の中では身体は割り付けられている。」という説明があり、それを図に示したものとして、ペンフィールドのホムンクルス（小人）という図をとりあげています。さらにつづけて、

「人間は脳の中で、身体の上と下が首を境に分断されている。ちなみにコウモリの場合は、脳の中は頭のてっぺんから足まで、きちんと順番通りに配置されている。頭→手→腹→足という風になっていて、人間とは殆ど正反対になっています。だから人間が常に頭を上にして歩いているのに対して、彼らはいつも逆さでぶら下がっているのではないか、と考えられます。

では人間の脳はどうして首で分断されているのか。首から上の運動と下の運動はまったく別であることが関係しています。つまり首から上の運動の代表は食物を摂る運動で、

下は身体が移動する運動。目的もまったく別。

そう考えると、脳味噌の中で、首のところで切れているのはある意味で合理的です。手がその間に入っているというのも実に理屈にあっている。

なぜなら首から上の運動には、人間の場合、食事の他にコミュニケーションという重要な機能がある。これをやるのは口と手。歩きながら食べているなんて動物は、人間の他に殆どいません。」（傍線筆者）

手と口とがほぼ一体である、手が自由に動くということが、口の機能と非常に密接な関連があるということが語られています。

赤ちゃんが、お座りができるようになって手が自由になると、たちまち何でも食べられるようになる理由も、じつはここにあるのです。

もう一つ大きな理由があります。動物進化学的に見て、サル以降、ヒトは食べ物を手から口に運ぶ動物なのです。哺乳のときは口を直接おっぱいに近づけます。すなわちまだサルにもなっていません。しかし、手に何かを持って口に運びだすことで、やっとサルになるのです。

ですから、赤ちゃんが手を自由に動かせるようになったら、どんなものでも自分なり

に工夫しながら食べるようになるのです。「離乳の基本」が示すような月齢別の離乳食は不要です。

逆に、手がまだあまり自由に動かないうちは、おかあさんが一生懸命にいろいろな食べ物をあげようとしても、赤ちゃんはまだじょうずに食べられなくて不思議ではないのです。ですからあせって赤ちゃんに無理強いしたり、一人で悩んだりする必要はまったくないのです。

機能が先か形態が先か

国語の授業のような話になりますが、「かむ」とは動詞、つまり動作を表します。そして歯の「噛み合わせ」は名詞です。つまり噛み合わせそのものは静的で、動かないものです。

歯の噛み合わせ（上下の奥歯が互いにふれる部分）を調整するのは筋肉の役割です。口の基礎体力づくりにとって、歯の形態と、口のまわりの筋肉の動きという機能とでは、どちらが大切かといえば筋肉の動き方、つまり機能のほうが優先されるものです。

歯科医師のあいだでも、機能（筋肉の動き）が先か、歯（形態）が先かという、まるでニワトリとタマゴの論争のような議論が交わされることがありますが、口の発育の面から見れば明らかに機能のほうが先なのです。

子どもたちの口の状態を一時のぞいてみただけでは、「機能と形態、どちらが先か」という問題の答えは見えてきません。子どもの発育を継続的に見ることで、機能があるから形態がつくられていくということが明らかにされたのです。

手抜き育児のすすめ

発育に飛び級はない

食べる、飲むという口の機能を高めるためには、まず哺乳期に十分、舌やあごなどを動かして母乳やミルクを飲むことがなにより大切です。これを受けて、私のクリニックではおかあさんたちに「赤ちゃんを〝哺乳の達人〟にしましょう」と言葉をかけることにしています。

この時期は子どもにとって、口の基礎体力をつける人生最大のチャンスです。大きくなってかめない子、飲み込めない子にならないように、赤ちゃんが〝哺乳の達人〟を極めるまでは、周囲を見て早く早くとあせったりせずに、口の基礎体力づくりに専念させ

てあげてほしいものです。一人ひとりにバラつきがあるのは自然なこと。一回に飲むミルクの量が一二〇 cc、一五〇 ccの子もいれば、二〇〇 ccは飲むけれど三〇分、四〇分かかるという子もいていいのです。

発育に飛び級はありません。必ず一定の順序に従って次のステップに進むようにできているのです。前のステップで手抜きをして次のステップに進んでも赤ちゃんが戸惑うだけです。それはまだ九九をマスターしていない子どもに、いきなり分数の問題を解きなさいと押し付けるようなものです。それでは結果的に、九九も分数もどちらもマスターすることはできません。

「ほら、おいしいから食べて」と離乳食をいくら口元に持っていっても〝哺乳の達人〟を極めていない赤ちゃんは、まだ食べるだけの準備が整っていないというわけです。

離乳食の手抜きは大いにけっこうですが、発育に手抜きは禁物です。育児書を見るのはやめて、赤ちゃんに目を向けてあげることです。

最近はすっかり姿を消しましたが、かつて、まだ歩けない赤ちゃんを早く歩くようにと歩行器に入れることがはやった時代がありました。

歩行器に入れたから早く歩けるようになるという科学的なうらづけは何もありません。

むしろ早期から歩かせよう歩かせようとすると、手の機能の発達がそっぽを向いてしまうのです。

本来、赤ちゃんにはハイハイをする時期が必要です。ハイハイをすることで手が鍛えられるのです。転んでもサッと手が前に出るようになりケガをしないですむのも、じつはハイハイというステップを通して得られる能力なのです。

実際、歩行器がはやっていた当時、とっさに手が出ないために転んで顔を打ったり、ケガをする子が増えました。ハイハイというステップをクリアしないまま、次のステップに進んでしまったためです。

乱暴な言い方かもしれませんが、赤ちゃんは自然のまま放っておくことがいちばん。おとなの役割は赤ちゃんが成長するための環境を整えてあげることにあるのです。

とかく子育てには「早く早く」という意識がつきまといがちなものです。

早期教育というものもありますが、なんでも早い時期からはじめれば、それだけ利口な子どもになるのではという気がするものです。就学前の子どもが九九をスラスラと口にしたり、漢字やカタカナを書きこなしていると、「優れた子ども」に映ります。

しかし、こと発育に関しては、早め早めの姿勢は子どもにとってマイナスです。結果

だけを早く欲しがることはやめて、たまには遠回りもいい、それぐらいの気持ちでかまえていてほしいものです。そして赤ちゃんをりっぱな〝哺乳の達人〟に育ててあげてください。

part

3

赤ちゃんを“哺乳の達人”にしよう

半年くらいまで

健康な子どもを育てる「哺乳」

母乳育児がいちばん

乳房哺乳にまさるものなし

食べることは一生を決めるほど大切な行為ですが、とりわけ哺乳は、子どもにとってはじめての食体験です。免疫効果の面でも、母子のスキンシップという点でも、母乳による育児がいちばんいいとはよく言われることです。

母乳は赤ちゃんだけでなく、おかあさんにとってもいいことづくめです。

母乳を赤ちゃんにあげるときに、赤ちゃんが乳汁を飲もうとする刺激がおかあさんの脳に伝わり、母乳の分泌を促すホルモン（オキシトシン）が分泌されますが、このホルモンには子宮を収縮させる働きもあり、母体の回復にも貢献するのです。

さらにこれまでくり返してきたように、母乳を飲むことは子どもの口の基礎体力づくりと密接なかかわりがあります。

27頁の図3は赤ちゃんが母乳を飲むときの口のまわりや舌、あごなどの一連の動きをまとめたものです。

こうして見ると、赤ちゃんは乳首を思い切りほおばって、舌や口のまわり、あごなどをリズミカルに、力強く動かしながら一生懸命母乳を飲んでいることがわかります。こうして母乳を飲むことによって、かむ力を身につけ、歯並びにも好ましい影響が与えられると考えられているのです。

生まれたときから母乳で育った子どもと、人工栄養で育った子どもでは、不正咬合や歯並びにも差があるという研究結果もあります。たとえば叢生《そうせい》、歯のガタガタの状況などに差が出るのです。

子どもの乳歯は三歳前後でほぼ生えそろうと、その後しだいに前歯のあいだにすき間があいてくるものです。これはあごが成長している証拠です。この時期の前歯の開き具合は、人工栄養より母乳で育てられた子どものほうが大きい傾向があります。母乳を飲むことで口の筋肉がよく発達し、その後も順調に成長する子どもが多いためです。あご

をよく使っていると横幅がひと回りぐらい大きくなることがわかっています。

反対にこの時期になっても歯のあいだにすき間がまったくできない子どもも見受けられますが、これはかむ筋肉が未発達なために、すき間があくだけの仕事をしていない（そしゃくしていない）ために起こります。

すでに二、三〇年前から親知らずが生えてこないおとなが目立ちはじめていましたが、これも同様の理由によるものです。

母乳の出がよすぎる場合はひと工夫を

なかには母乳の出がよすぎるという悩みを持つおかあさんもいらっしゃいます。

口の発達のことを考えれば、哺乳ビンと同じく赤ちゃんがあまり楽に飲めてしまうようなら、ひと工夫されたほうがいいと思います。

母乳をあげるとき、はじめに少し出してしまい、それから赤ちゃんにあげるようにしてみるのもいいと思います。

反対に母乳の出がよくない場合には、マッサージという方法もありますが、食事の内

容を少し変えてみるのもひと工夫です。食事の工夫については87頁で説明していますので、そちらを参考にしてください。

赤ちゃんを〝哺乳の達人〞にしよう

哺乳ビン哺乳の場合の乳首の選び方

〝哺乳の達人〞への道は、やはり母乳がいちばんです。

しかし赤ちゃんを保育園などに預けて働くおかあさんもいれば、母乳で育てたくてもどうしても出ないケースもあるでしょう。それを苦にして悩む必要はありません。いまどき母乳でなければいけないと言えない時代でしょう。

哺乳ビンによる哺乳は絶対によくないのかというと、決してそんなことはありません。口唇口蓋列の赤ちゃんはほとんどが哺乳ビン哺乳です。

幸いいまは口の発育を重視し、さまざまな工夫がほどこされた乳首が出まわっていま

すので、そういう乳首を選んであげればよいのです。

オーソドックスな乳首では、丸い穴がプツンとあいているものやクロスカット、Y字型にカットされているものなどが出まわっています。これらの乳首はいずれも、基本的に赤ちゃんが吸えばミルクが出る簡単な仕様になっており、吸飲型乳首と呼ばれています。

生まれたばかりの赤ちゃんは本能的に母乳の飲み方を知っています。一方、生後まもない赤ちゃんに吸飲型の乳首を使った哺乳ビンでミルクをあげると、なかなかじょうずに飲むことができません。それだけ母乳の飲み方とのあいだに差があるのです。

吸飲型乳首の場合、赤ちゃんは、慣れてくるとちょうどストローでジュースを飲むときのようにミルクを吸って飲んでいます。

ストローでジュースを飲むまねをしてみてください。このとき舌の先はどこについているでしょう。ちょうど、下あごの前歯の後ろあたりについているのではないでしょうか。

このように、吸飲型乳首でミルクを飲んで育った子どもは、吸えばミルクが簡単に出るため、舌やあごを動かす筋肉を鍛えるチャンスがないまま大きくなってしまいます。

赤ちゃんが母乳を飲むときには、あごと舌が一体となって動きます。母乳で育った子どもと同じように口の基礎体力のある子に育てるには、赤ちゃんが母乳に近い口の動きをするように工夫された咬合型乳首の使用をおすすめします（私の知るかぎりでは、舌の動きを主体にした乳首はいまのところ発売されていませんが、あごをよく動かすことでミルクが出るしくみになっている乳首が出ています）。

私のクリニックでは咬合型の乳首を口唇口蓋裂の赤ちゃんに使ってもらっていますが、経過は良好です。この乳首は、生まれたばかりの赤ちゃんでもすぐにミルクを飲むことができます。それだけ母乳の飲み方に近い筋肉の動かし方をするように考えられているということでしょう。吸っただけではミルクがうまく出ないように工夫されています。

ビーンスターク・スノーから出ている乳首は（図9参照）、乳首をくわえる位置の内側に弁がもうけられていて、赤ちゃんが吸っただけではミルクが出ないしくみになっています。またピジョンから出ている「乳房実感」という製品はかむ動作を取り入れており、こちらも母乳の飲み方に近づけた工夫がこらされています。チュチュでは「スタイル2母乳育児」という乳首を出しています。ビーンスターク・スノーが健常児用の咬合型乳首として最初に出たもので、私のクリニックでは開院当初より継続的に用いています。

ビーンスタークニプルの特長** 図9

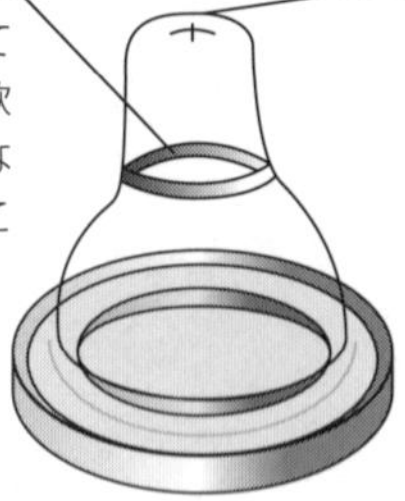
①乳首をくわえる位置の内側に弁がついているので、母乳を飲むときと同じような筋肉の動きで飲むことができます。
②ニプルのサイズは1サイズ。新生児のときから母乳を卒業するまで、お母さんの乳首はひとつ。だからニプルも1サイズです。クロスカットを使用しています。

あごを動かす咬合型の乳首にも、なかには吸うとミルクが比較的簡単に出るものがあります。

赤ちゃんは一度、吸って飲むという楽な方法を覚えてしまうと、途中から、かまなければミルクが出ない乳首に切り替えるには相当な努力が必要になります。

人工栄養の利用を考えているおかあさんは、なるべくはじめから、かまなければミルクが飲めない乳首を選んで使ってあげることをおすすめします。

赤ちゃんが自然から与えられた能力を生かしてあげることがなによりも大切です。

吸飲型乳首から咬合型乳首に変える場合

クリニックにはじめてみえたおかあさんに、「母乳ですか？　ミルクですか？」とたずねますと、「混合です」という答えが返ってくることがあります。

母乳で育てていたおかあさんで、途中からミルクに切り替えることもあるでしょう。誕生から母乳をつづけてきた赤ちゃんの場合、哺乳ビンに慣れるまでには少し時間がかかるのがふつうです。生後三カ月から四カ月ぐらいになると、哺乳ビンでもじょうずに飲みはじめるようです。

またなかには、この本を読んで吸飲型乳首から咬合型乳首に変えたいと考えているおかあさんもいらっしゃるでしょう。

母乳から咬合型乳首への切り替えに比べ、楽にミルクを飲める吸飲型から咬合型乳首へのスイッチには、ある程度努力が必要です。それでも、口の基礎体力づくりのために、途中からでも咬合型乳首に変えてあげることは意義あることです。

そこで、そのコツをご紹介したいと思います。

お腹をすかせた赤ちゃんがミルクをほしがったら、はじめに新しい乳首（咬合型）でミルクをあげるようにします。このとき、赤ちゃんが上手に飲めなくて泣いても、三〇分ぐらいは「あなたのため」と、どっしりかまえて見守ってあげてください。それから、古いほうの乳首（吸飲型）に変えて少しミルクを飲ませてあげましょう。それをくり返し、だましだましながら変えていくのです。

咬合型乳首の場合は、赤ちゃんが自分で飲み方を探さなければいけません。あれこれ試行錯誤して、ミルクが飲める口の動かし方を学ぶわけです。お腹がすいてくると、赤ちゃんはどうにかしてミルクを飲もうとします。そのうちになにかの拍子であごを動かしてミルクが出てきたらしめたもの。あとは上手にミルクを飲むようになります。

新しい乳首に慣れるまで、赤ちゃんは思うようにミルクを飲めません。それでも一日あたり、体重の一〇分の一量にあたるミルク（体重が三キロの赤ちゃんなら三〇〇cc）を飲んでいれば、体重は増えないにしても極端に減ることはありません。咬合型乳首に慣れてくれれば体重も増えはじめます（小児科医は体重を増やすために、体重の一〇分の一・五量を目安にしています）。

生後一カ月以内の赤ちゃんは、母乳に近い口の動きをするため、咬合型の乳首でミル

クをあげても一五分もすれば飲みはじめます。生後二〜三カ月ぐらいまでは、比較的短い時間で慣れてくれます。生後三カ月、四カ月になってくると、飲みはじめるまでに一〜二時間かかることもあります。なかには生後四カ月で咬合型乳首に変えた赤ちゃんで、ミルクを飲めるようになるまでほぼ一週間かかったケースもありました。

やはり途中から乳首を変える場合には、赤ちゃんとの根比べが多少は必要です。口の機能は子どもの一生の問題。少しぐらい時間がかかっても、体重が停滞しても、ここで一念発起して咬合型の乳首に変えてあげることをおすすめします。三〇分も泣かせておくなんてちょっと辛いかもしれません。体重が増えなければ心配にもなるでしょう。それなりの努力は必要ですが、とにかく変えることです。

〝哺乳の達人〟

哺乳ビンの場合には、赤ちゃんがどれぐらいミルクを飲むかが一目瞭然にわかります。赤ちゃんはミルクの飲み方に慣れてくると、一回に二〇〇 ccぐらい、多い赤ちゃんでは二四〇 ccぐらい飲む子もいます。

咬合型の乳首を使って、二〇〇ccのミルクを一五分から二〇分ぐらいで飲み終えるぐらいになれば、もう立派な〝哺乳の達人〟です。

母乳の場合は飲む量がわからないのでむずかしい点はありますが、まず、順調な体重の増加を示し、飲んだとき、赤ちゃんから乳首を離して満足し、機嫌がいいこと、時間はやはり一五分前後で飲み終えれば〝哺乳の達人〟になっていると見ていいでしょう。

母乳の質をあげよう

赤ちゃんを〝哺乳の達人〟に育てるポイントとしてさらにもう一つ気を配っていただきたいのが、母乳の質をよくするということです。母乳の質はおかあさんの食事に左右されます。ちょっと立ち止まって食事の内容を見直してみませんか。

母乳の出をよくするには脂肪分の多い食品はなるべく控え、炭水化物や根菜類をたっぷりとるようにします。これは助産師さんのあいだではよく知られていることで、先人が積み重ねてきた子育ての知恵の一つと言っていいでしょう。

脂肪分の多い食品は乳腺が詰まりやすく、乳腺炎の原因にもなりかねません。

母乳の出をよくするというと乳製品をたっぷりとればいいのでは？　お肉で栄養をつけなければ——そんなイメージを抱く方が少なくないかもしれませんが、脂肪分を多く含む乳製品や肉はむしろ控えめぐらいがちょうどいいのです。

母乳で子育てしているおかあさんは、よくのどが渇くと言われます。水分をとることも大切です。水分は水や緑茶、麦茶などできたら暖かいのがよく、甘いジュースや炭酸飲料、清涼飲料、乳酸菌飲料、牛乳などは控えます。炭水化物ではとくにお餅を食べると母乳の出がよくなると言われています。

もっと簡単に言ってしまえば、主食のご飯に玄米や雑穀を混ぜてみる、具だくさんのみそ汁に納豆、野菜の煮付け、焼き魚など、日本人が昔から口にしてきた献立は質のいい母乳が出やすくなると言われています。

韓国では鶏ガラなどのスープにワカメなど海藻をたっぷり入れたものをとると、おかあさんの体調維持にもよく、母乳の出もよくなると言われています。どこの国にも風土に合った食べ物があるもので、先人の知恵や習慣をあらためて見直してみたいものです。

助産院ではいまも、日本の風土の中で守り伝えられてきた食材、献立による食事を出すところが少なくありません。これはとても理にかなったことです。

なかには退院のお祝いにフランス料理のフルコースなどをおかあさんにサービスする産科病院があると聞きますが、「赤ちゃんには母乳がいちばんです」という一方で高脂肪の食事を出すという姿勢には疑問を感じます。

おかあさんが食べ物を変えたり、体調によっても母乳の味は変わり、赤ちゃんが飲まなくなることもあるようです。赤ちゃんのためにも、できるだけバランスのいい食事（豪華という意味ではなく）をとりたいものです。

もともと哺乳は動物の本能的な行為。母乳は子どもの生命に直結します。ですから本来、誰でも出るようにできているはずです。むしろ私たち現代人の食生活、食文化の乱れに問題が潜んでいるのではないでしょうか。

脂肪過多の食事は日本人には合わない

本来、動物にとって脂肪はめったに口にできない貴重なものでした。だからこそ私たちは脂肪を「おいしい」と感じるようにつくられているのです。その脂肪をたくさん取ると、私たちの体は変調を起こします。

そもそも穀物やイモ類、海草や魚などを伝統的に口にしてきた日本人の代謝システムは脂肪過多の食事に対応できるようにはなっていません。

話はとびますが、以前、脂肪過多の輸入食料品への依存や運動不足から肥満や糖尿病、心臓病の患者が急増したと言われるトンガ王国（ポリネシア）で、国王自らダイエットを実践して国民に手本を示したというニュースが目にとまりました。

もともとトンガの伝統的な食事はイモ類や魚介類が主でしたが、七〇年代に入ってコンビーフや羊のアバラ肉などの缶詰が大量に輸入されるようになり日常食として定着。そのときから多くの国民が、伝統食の時代には見られなかった生活習慣病に苦しむようになったと言われています。

トンガの人びと同様、日本人の四割近くは倹約遺伝子というものを持っていると言われています。昔からの伝統食に見合った代謝システムが組み込まれているわけで、高カロリー、高脂肪の食事にはついていけるようにできていないのです。ですから倹約遺伝子を持つ人が脂肪過多の食事を常食すれば、たちまち太ってしまうというわけです。

ニューヨーカーが手ごろなイートイン・ショップでおむすびにパクついている映像をときおりニュースなどで目にしますが、肥満大国と言われるアメリカで日本食ブームが

起きているのもうなずけます。

子育てという一世一代の大事な役目を担う機会に、昔ながらの食生活のよさを見直し、毎日の食生活のあり方を考え直してみませんか。

母乳は出るまでに準備期間がある

赤ちゃんが生まれると、それまで乳汁の分泌をおさえていたホルモン、エストロゲンに代わって乳汁の分泌を促すホルモン、プロラクチンが増えてきます。

赤ちゃんに乳首を含ませると、赤ちゃんが乳首を吸う刺激がお母さんの脳に伝わり、母乳の分泌を促すホルモン、オキシトシンが分泌されます。オキシトシンには子宮を収縮させる働きもあります。このように母乳をあげることでいっそう母乳の出がよくなったり、母体の回復に役立つなどの好循環が見られます。さらに母乳をあげることでおかあさんは減量していき、元の体重にもどるのです。

母乳はもともと、赤ちゃんが生まれたからといってその直後からどんどん出はじめるものではありません。むしろ産後、何日かたったころからよく出はじめるようになります。

ただしお話したとおり、赤ちゃんが飲もうとする刺激がおかあさんの脳に伝わることで母乳の分泌が促されるようになりますから、母乳が出なくても赤ちゃんをだっこして、まず乳首を含ませることが大切です。

お乳が思うように出ないので赤ちゃんはお腹がすきます。そこでまた一生懸命に飲もうとします。その哺乳刺激がおかあさんに伝わり、何日かたつと母乳が出はじめるようになるのが自然のサイクルなのです。

赤ちゃんが生まれてすぐは母乳が出ないことも少なくないですから、当然、生後数日間は赤ちゃんの体重も少し減りますが、ごく自然なことですので心配はいりません。

産科ではこのようなことは当然わかっているはずですが、最近は赤ちゃんの体重が減りはじめる前から時間を決めて哺乳ビンでミルクをあげるところも少なくないようです。体重の増減に過敏になり、いかに体重を増やすかという面が重視されすぎているようにも思えます。

母乳が出るようになるまでの準備期間として、もう少し自然にまかせて様子を見てもいいのではないでしょうか。

満足するまで飲ませる

当院の患者さんで生後四～五カ月を過ぎても哺乳量が一四〇～一六〇 ccから伸びてこない子がときどき見られます。

いったいどのような哺乳をさせているのか詳しくたずねたところ、そういう子はほとんど、時間を決めてミルクを与えられています。まじめなおかあさんが多く、約三～四時間おきに欠かさずミルクを与えているのです。

こういう赤ちゃんはあまり泣かず、どちらかというと機嫌がいいのです。実際に「この子あまり泣かないんです」というおかあさんもいます。つまり、赤ちゃんはお腹がすかないのです。

こういうミルクの与え方は病院で行なわれる方法で、赤ちゃんを管理するための方法です。母乳でもミルクでも「時間を決めて与えましょう」と指導しています。時間を決めて与えると赤ちゃんは空腹をあまり感じませんので、お腹がすいたと泣きません。いつもそれなりに満足しているのです。

これは本来の赤ちゃんの姿ではありません（動物は時間を決めて与えることはありません）。赤ちゃんは、お腹がすいた、おしめが濡れて気持ちが悪い、眠たい、かまってほしいなど、何かを訴えて泣くのです。泣くことも大切な仕事です。とくにお腹がすかないというのは、〝哺乳の達人〟になれないばかりか、離乳の際も、食べたいという欲が出てこないのです。赤ちゃんは空腹を感じて思い切り泣いて、おっぱい（ミルク）を目一杯飲んで満足し、赤ちゃん自身が乳首を離して眠るというのが本来の姿です。よく泣くことで肺も強くなり、声も大きくなり、体力もつくと昔から言われています。

口呼吸に気づいたら口を閉じてあげる

〝哺乳の達人〟に育てる際に気を付けたいものとして、呼吸の問題もあげられます。

私たちはふつう意識していないとき、口を閉じて鼻で呼吸をしています。

鼻呼吸は口の基礎体力という点でも大切なことです。ポカン口の若者もそうですが、口の基礎体力がない子どもは口呼吸になりがちなものです。口呼吸のほうが鼻呼吸よりも楽なためにそうなるのです。

口呼吸では、舌が上にあがっていると呼吸がしづらいため、おのずとダラリと下がった状態になるものです。ゆえに口呼吸がクセになると、舌の筋肉が緩み、舌足らずな話し方、あるいは口のなかで食べ物を自在に転がすことができない、薬のカプセルなどちょっとした大きさのものが飲み込めないなどの弊害が起こりやすくなります。

子どもが口をポカンとあけていたら、クセになってしまわないうちに、注意して口を閉じてあげてください。とくに乳幼児は、ちょっと気をつけてあげればすぐに鼻で呼吸をするようになります。

鼻炎による口呼吸には口の基礎体力がモノを言う

口呼吸がクセになると口元に締まりがなくなり、口がポカンとあいた状態があたり前になってしまいます。

ただし鼻炎（アレルギー性鼻炎）など病気のために鼻づまりを起こしている場合には、口を閉じてあげるだけでは根本的な解決がつきません。鼻の病気を治してあげることが先決です。

鼻炎の発症も低年齢化が問題になっているようですが、通常三、四歳あたりから出はじめるもので、二歳ぐらいまではほとんどありません。

二歳までに〝哺乳の達人〟として口の基礎体力がついている子どもであれば、大きくなって鼻炎が発症し、口呼吸のために舌位が下がってきたとしても、舌のトレーニングによって本来の機能をとり戻すことはそれほどむずかしくありません。

口の基礎体力が子どもの一生を決めるとは、こんなところにも言えることなのです。

舌機能訓練でよくなる子、よくならない子

私のクリニックでは必要に応じて、口のまわりや舌の機能を向上させるため舌機能訓練を指導しています。この訓練は口の機能や筋肉が十分発達していないために舌がスポットについておらず、きちんとかめない、飲み込めない場合に行います。

舌機能訓練は子どもによって効果が出るケースと、うまくいかないケースがあるため、効果の有無をめぐっては議論がつづいています。

なぜ効果があがる子どもと、あがらない子どもが出てくるのでしょうか。

じつはこれも口の基礎体力（ここでは学習経験とおきかえます）が大いに関係しています。

母乳や咬合型乳首でミルクを飲むことで、もともと舌がスポットについていた子どもは、鼻づまりの息苦しさから舌の位置が下がってきても、鼻づまりが解消されればスポットの位置に舌を戻すことは比較的容易です。先に64頁でリハビリの例をあげてお話したことと同様、学習経験がありますから、舌機能訓練、もしくはちょっとしたキッカケで再びスポットに舌がつけられるようになるのです。

赤ちゃんのときから舌が下がっている子どもの場合はちがってきます。

鼻炎をキッカケに口呼吸をはじめ、さらに口の状態が悪くなったとしましょう。矯正のため舌機能訓練によって舌をスポットの位置まで上げようとしても学習経験がないため、思うように舌が上がらないのです。もともと舌の上げ方を知らない、上げても舌の力が弱いためにスポットの位置を保つことができない。基礎がない状態からのスタートでは、トレーニングにも相当な努力が求められます。

舌機能訓練は「効果がある」、「まったくうまくいかない」、「うまくいく子といかない子がいる」など歯科の先生によって見解が分かれるのも、もっともなことです。口の学習経験の有無が、効果にも差を生じさせていたのです。

矯正歯科でも哺乳期から子どもを診てきた先生と、小・中学生からしか診てない先生とでは判断にもちがいが生じて当然です。

哺乳期の食物アレルギーの気を付け方

成長したら母乳は飲んではいけないもの

哺乳類の子どもは母親のお乳で育ちますが、だいたい生まれたときの体重の三倍程度に成長するまでお乳で育つといわれています。

本来そこまで成長すると、あとは母親のお乳はいっさい飲まないものです。これはあらゆる哺乳類に共通することです。

赤ちゃんのときしかお乳を飲まない——これはアレルギー反応を防止する点で非常に理にかなっています。

生後まもない子どもの場合、体に入った栄養素はすべて、分解されることなく素通り

で吸収されるしくみになっています。

成長するにしたがって、私たちの体内では摂取したタンパク質がアミノ酸に分解されたり、デンプンが糖に分解されるという働きをするようになります。

よく「母乳には免疫（ＩｇＡ）が含まれている」と言われますが、それはかなり大きな分子量（一七万）のタンパク質です。それがそのまま赤ちゃんの体に吸収されるために赤ちゃんに免疫が作用するのです。

通常、生後六、七カ月をすぎるとタンパク質は胃から腸のあいだで分解され、分解されたタンパク質は細かくなってアミノ酸になり、不活化されるために効かなくなるのです。

それだけに生後六カ月までの赤ちゃんに母乳以外の食べ物をあたえれば、栄養分は分解されずにそのまま体に吸収される可能性が高いのです。

アレルゲンを極力つくらないために

たまにはちがう食べ物をあげてみようと、赤ちゃんにプリンを食べさせてあげたとしましょう。赤ちゃんの体には、プリンに含まれるタマゴのタンパク質が分解されずにそ

のまま吸収されてしまいます。このとき免疫が反応（感作）します。リンパ球がそのタンパク質を「ああ、これはタマゴのタンパク質だ」と認識するのです。

その子どもが次（二回目）にタマゴを使った食べ物を口にしたとき、アレルギー反応は一気に起こります。これはハチに一回刺されたときには軽くてすみ、二回目に刺されると激しいショックを起こすというのと同じ理由です。

ワクチンの予防接種も同様です。一度ワクチンを体に入れて人工的に免疫をあたえてあげることで、同じ伝染病の細菌が体に入ってきたときに、「これは○○菌だな」と体が覚えていて、それに対して手を打つのです。

プリンを食べたときに、「これはタマゴのタンパク質だ」と一度認識して、もう一度同じものが入ってきたときに異物として攻撃する。それがアレルギー反応のしくみです。二回目はただではおかない、というわけです。その働きを逆手にとってうまく利用したのがワクチンです。

一回、インフルエンザウイルスを「こんなもの」だと体に覚えさせて、それで二回目に外からインフルエンザウイルスが入ってきたら撃退しようとするのです。

その意味ではアレルギー反応も一種の攻撃です。

アレルギー反応は大きく、ショックを起こす①アナフィラキシー型（即時型）、②細胞障害型、③免疫複合型、④遅延型、⑤刺激型という五つに分けられますが、いずれもしくみとしては同じです。

母乳で育った赤ちゃんが、仮に冷凍保存しておいた母乳を成長してからもう一度飲むとしましょう。そのとき一気にアレルギー反応が起こる可能性があります。体が覚えていた母乳に含まれるタンパク質に対して、一気に攻撃をかけられてしまうのです。

このような危険を避ける意味でも、哺乳類は哺乳期を過ぎたらいっさい母乳を飲まないようになっている、あるいは飲まなくていいようにプログラムされています。成長した動物は本来、母乳を飲んではいけないのです。

アレルギーのことを考えれば、あらゆる栄養素が分解されずに吸収される生後六カ月までは、母乳以外のものはあげるべきではありません。

厚生労働省の「離乳の基本」では生後五～六カ月を離乳初期として扱っていますが、生後六カ月までは無理をしてまで母乳・ミルク以外の飲み物や食べ物をあげる必要はありません。

ときおり生後二カ月ぐらいの赤ちゃんに「果汁をあげましょう」といった小児科の先

生のアドバイスを見かけて驚かされることもあります。また多くの育児書に「生後二～三カ月から」という基準が示されていますが、このような誤った情報を堂々と何年にもわたって公開していいものでしょうか。

果汁といえどもなんらかのタンパク質が入っている可能性はあります。また、二カ月からミルク以外のものを与えはじめると、だんだんとちがったものを与えたくなるものです。果汁から乳酸菌飲料になり、しだいにヨーグルト、プリンと、いつのまにか離乳になっていくものです。少なくとも生後七カ月までは待つことをおすすめします。

母乳が出ないと悩んでいるおかあさんや、粉ミルクを切らしてしまったときなど、かわりに牛乳をあげてみようと思う方もいらっしゃるかもしれませんが、いまお話したとおり、将来アレルギーの心配がありますから牛乳はあげないでください。とくに生乳は絶対に避けていただきたいものです。

ちなみに赤ちゃんにハチミツをあげるのはよくないと言われますが、これはハチミツにときどき混入しているボツリヌス菌が問題視されているためです。

牛乳はウシの子どもが飲むもの

前項では、ヒトの母親のお乳ですら哺乳期を過ぎたら飲むものではないというお話をしました。

では牛乳はどうかといえば、あれは本来ウシの子どもが成長するために飲むものです。成長したウシはなにを食べているかといえば、牧草です。哺乳動物は離乳したあとはいっさい母乳を口にしないというお話をしましたが、もちろん成長したウシも母乳（牛乳）は飲みません。哺乳類は母乳を卒業したら、あとは飲まなくても成長できるように遺伝子にインプットされているのです。私たち人間も動物です。自然からあたえられたしくみに従って生きることが好ましいのではないでしょうか。

牛乳については、日本では完全食品というイメージができあがっていますが、新谷弘美氏の著書『胃腸は語る』（弘文堂）において、「食べ物が豊富にある国の子どもに、他の豊富な動物蛋白とともに、牛乳がからだによいからとたくさん飲ませるのはまちがっています」（一六七ページ）と書かれており、さらに「最近のアメリカの学者たちは牛

乳、乳製品をむしろとらないようにとすすめています」(同)、また、カルシウムの吸収がいいということについても、吸収がよいのは一時的で、その反動として、余分なカルシウムといっしょに必要なカルシウムや他の栄養素までも排出してしまうと述べています(一六八ページ)。

また日本に留学している知人でポーランド人の歯科医に牛乳についてたずねたところ、牛乳で骨は丈夫にはならないというのはヨーロッパでは広く知られているあたり前の事実という答えが返ってきました。

数年前のこと。程度こそ軽いものでしたが、わが子の腕に出ていたアトピー様の皮膚炎がなかなか治らず気になっていました。ちょうどその頃、牛乳の危険性について知るようになり、学校給食も含めて牛乳を一切やめさせることにしました。するとひと月もしないうちに子どもの腕から皮膚炎が消えたのです。その後現在にいたるまで皮膚炎は出ていません。日本人は戦前から牛乳は飲んでいませんでした。料理に少し牛乳を加えて味にまろやかさを出すという程度はいいと思いますが、カルシウムが豊富だから、タンパク質がとれるからと、牛乳をゴクゴクと大量に飲む食習慣には賛成できません。むしろ牛乳は飲ませないほうがいいというのが私の見解です。

＊＊83P

「人工乳首」ついて、現在雪印ビーンスターク（二〇一六年四月社名変更）では2種類のものが市販されておりますが（商品名「赤ちゃん思い」と「スタンダード」）、スタンダードの方がお薦めです。また、劣化が進むとミルクが非常に出やすくなりますので、早め早めに取り替えましょう。

part

4

“手抜き離乳食”で健康な子どもを育てよう

七カ月くらい〜一歳くらいまで

健康な子どもを育てる「離乳食」

育児書は見るな、従うな

いまの離乳食は問題だらけ

私のクリニックでは、子どもたちに口の基礎体力をしっかりつけてもらうことを考え、咬合型乳首を使った哺乳に加え、「育児書は見ない」、「月齢別の離乳食はいらない」というポリシーで離乳指導を行っています。これまでにもお話してきたとおり、子どもたちはいずれも、口のまわりの筋肉やあごが順調に成長し、「食べる」(かむ、飲み込む)能力をたくましく身につけています。

「離乳ってもっと大変なものだと思っていたのに」

「歯がなくてもいろいろあげてみると食べるものなんですね」

おかあさんからはよくこんな感想が寄せられますが、育児書（月齢）にふりまわされない育児、手間のかからない離乳食はなかなか好評のようです。

育児書や育児雑誌、保健所で行う離乳食講習会、子育て相談など、厚生労働省発表の「離乳の基本」をベースにした離乳指導、離乳食にはこれまで取り上げてきた月齢先行以外にもいくつかの問題点があります。重複しますが、これまでお話してきたことも含め、ここでまとめてみることにしましょう。

①障害児の摂食指導から出てきたマニュアルであるため、健常児にはあてはまらないことが多い。
②（口唇・舌の機能という項目があるが）舌や唇の動きはおかあさんにはわからない。
③個々の子どもの発達を無視。
④よその子どもと比べがちになり、ゆとりのある育児の実現がむずかしい。
⑤アレルギーに対する配慮に欠けている。

①から④まではこれまでにも取り上げてきたことですので、ここで少し、⑤のアレルギーの問題についてお話することにしましょう。

厚生省（当時）が一九八〇年（昭和五五年）に発表した「離乳の基本」では、離乳をはじめる時期を生後四カ月としていました。ところが生後四カ月からでは「早すぎる」という声があがるなど内容の見直しを迫られ、その結果、一九九五年（平成七年）に改定「離乳の基本」が発表されました。

これにより、離乳をはじめる時期は生後四カ月から、「およそ生後五カ月になったころが適当」と改められました。さらに改定版では「早くても四カ月以降」「遅れた場合も生後六か月中に始めることが望ましい」と幅を持たせてあります。

しかし生後六カ月前後の赤ちゃんには、まだ栄養素を自分の体で分解する能力ができていません。ですから、それまでの時期に母乳やミルク以外の食べ物をとるとそのまま吸収されてしまうため、アレルゲン（アレルギーのもと）をつくってしまう恐れがあるのです。

離乳期の食物アレルギーについては後述しますが、改訂版でもいまだに堂々と誤った情報を公表している姿勢には驚きを隠せません。

小児科の先生によっては生後二カ月、三カ月の赤ちゃんに「果汁をあげてみましょう」とアドバイスするケースがあります。育児書も同様です。母乳、ミルクとはちがった味

に慣れてもらうことが目的のようですが、アレルゲンのことを考えればこの時期の赤ちゃんには母乳、ミルク以外のものは早すぎます。生後七カ月をむかえるまではむしろ避けたほうが安全です。あわてなくても、赤ちゃんには必ずなんでも食べたがる時期がめぐってくるのです。

もう一つ付け加えるなら、「離乳の基本」に準じて調理された市販のベビーフードも、積極的におすすめすることはできません。月齢に合わせた形状のもの（ドロドロ、ベタベタなど）を買い求めて赤ちゃんにあげ続けることで口の基礎体力づくりのチャンスを逸してしまう危険性があります。

またベビーフードは果物を使ったデザートや野菜とレバーの煮物、白身魚と海草を取り入れた雑炊など、一見、おいしそうな組み合わせの商品になっていますが、味つけは、おとなが食べてみておいしいとは決して言えないものが少なくありません。味覚が育つ大切な時期だけに、子どもの食歴にとってはたいへんマイナスになるものと考えています。

以上のような理由から、私のクリニックでは、おかあさんたちに育児書を見ない子育てを実践してもらっています。

ただしすべての育児書がいけないというわけではありません。飲むことから食べることへと移る離乳初期は赤ちゃんのお腹もまだ固形食に慣れていません。胃腸の調子が変わりはじめて便秘や下痢を起こすケースもあるものです。離乳初期に育児書を活用してそのような基本的な知識を得るのはいいでしょう。

〝哺乳の達人〟を極めたら離乳開始

赤ちゃんがあごや舌、口のまわりの筋肉をたくさん使って〝哺乳の達人〟に成長したら、それは次のステップ・離乳への準備ができたということです。

離乳というと母乳やミルクから「離す」ことだと受け止められがちですが、赤ちゃんが順調に発育していれば、赤ちゃんのほうからテーブルに並んだ食べ物をじっと見たり、よだれをたらすなどのサインを示すようになります。離乳とは、おかあさんのほうから「離す」ことではありません。

なかには生後五カ月ぐらいからこのようなサインを送ってくる子もいますが、前述のとおりアレルギーの問題がありますので、ここは七カ月目に入るまで待ってあげること

が肝心です。七カ月まで待ったところで、そのあいださらに〝哺乳の達人〟としてトレーニングを積み重ねるだけの話。それだけ徹底して口の基礎体力がつけば、それはそれで好ましいことです。

また〝哺乳の達人〟に月齢はありません。生後七カ月を迎えても〝達人〟に達していない赤ちゃんには、八カ月、九カ月でも母乳・ミルクに専念してもらって、十分なトレーニングを積んでもらいましょう。まわりを見てあせる必要はありません。

九カ月以上になっても母乳やミルクの飲み方が上達しない場合は、むしろ小児科の先生に診てもらうことをおすすめします。ごく平均的な体重（三〇〇〇グラム前後）で生まれて、生後八カ月で二〇〇 ccのミルクをもてあます、体力がついてこないなどの場合、口の機能以外に全身的な発育の面で問題があるかもしれません。

低出生体重児で生まれた場合、正常分娩の子どもに比べて二～三カ月ほど成長が遅れることはめずらしいことではありません。

経験的に見て、通常、満三八週で生まれるところをひと月早く、三四週で生まれた場合、体重も二〇〇〇～二五〇〇グラム前後と少な目です。正常分娩の赤ちゃんと発育面で肩を並べるまでにはお腹の中で過ごせなかった月のほぼ二倍、二カ月は必要と言われ

ています。

月齢別離乳食はいらない

お話したとおり、離乳とはおかあさんからではなく、準備ができた赤ちゃんが母乳やミルクから「離れる」ことです。

もう一つ言うなら、本来、離乳とは母乳やミルクから、家族がふだん口にしている家庭の味に慣れ、あたり前に食べられるようになることを指すのです。「離乳の基本」が示すようなドロドロ、ベタベタの離乳食を親の食事と別につくって子どもに食べさせることではありません。

育児書や育児雑誌、市販のベビーフードが世に出回る以前から、日本人は特別な離乳食などなくても立派に子どもを育ててきました。昔は家庭の食卓に並ぶ食べ物をみそ汁などといっしょにすり鉢で細かくした程度、あるいは口の中で少し小さく、やわらかくしたものを赤ちゃんに食べさせてすませていたのです。離乳とは、ほんとうはそのように簡単にすむものなのです。

赤ちゃん用に食材や味付けを変えた離乳食をつくって食べさせるということは、将来、子どもの味覚が親とはちがったものになる可能性が考えられます。家族で食卓を囲み、同じ料理を口にすることは一つのコミュニケーションでもあり、それがその家庭の食の伝統になるのです。親が食べている食事を子どもが食べないからと、親が子どもに合わせようとしたり、子どもが好むものばかり食卓に並べることは家庭の食文化の断絶にもつながりかねません。

赤ちゃん用のメニューをつくることはむしろナンセンス。家族と同じ食事を食べられるようにすることが離乳の本来の目的です。

飲むことから食べることへの移行初期には、赤ちゃんの胃腸の調子も変化をはじめます。初期のうちは便秘や下痢をする場合もありますから、赤ちゃんの胃腸が固形物に十分慣れてくるまで、一カ月でも二カ月でもかけてゆっくりと慣らしてあげてください。

自然界に離乳食はない

離乳食といえば、ひとつ忘れられない話があります。私が大学病院に勤務していた当

時の同僚の一件です。

当時、彼女は一人目の子どもを母乳で育てていて、「この子の離乳はふつうのご飯からはじめる」と周囲に宣言していました。ツブツブ状も通り越してご飯粒からの離乳ということで、興味もあって結果をたずねますと、「ふつうに食べたわよ（笑）」とサバサバと答えを返されました。

考えてみれば、野生の哺乳動物の世界に離乳食なる食べ物は存在しません。母ザルが子ザルに、母ライオンが子ライオンに離乳食を与えるなど聞いたことがありません。母乳か親が食べている物（ライオンなら母乳か肉）、この二種類があるのみ。それで子どもはあたり前に成長しています。その意味で、先の同僚のやり方にも一理あると感心させられました。

もちろん、このやり方がどの赤ちゃんにも当てはまるわけではありませんので、無理にまねる必要はありません。

それでも自然界には母乳と親が食べている物しかない、という点は参考にしていただいていいでしょう。おかあさん、おとうさんのおかずとご飯を少し細かくすり潰してあげるか、母乳・ミルクかのいずれかでいいのです。

母乳やミルクでお腹が一杯になると、赤ちゃんは離乳食を食べたがらないこともあります。離乳食は赤ちゃんがお腹をすかせているときを狙ってあげるのがいいでしょう。まず離乳食、それから母乳・ミルク。この二種類で十分です。

一番大切なのは親が「バランスのいい食事」をとること

離乳食はごくシンプルに、おかあさん、おとうさんが口にするご飯やおかずで十分です。むしろ赤ちゃんにも分けてあげるのですから、家庭でのふだんの食生活に気を配ることのほうが重要です。

時代が時代ですから、食卓にのぼるものすべてとまでは言いませんが、いわゆる昔ながらの伝統食を取り入れたメニューは日本人に合っていますし、赤ちゃんにとっても消化・吸収がしやすく食べやすいものです。

ご飯に味噌汁、野菜の煮付けなどがあれば十分です。ふかしたサツマイモやおにぎりなどを手に持たせてあげれば、それだけでいいおやつにもなります。

ドイツではジャガイモ、ソーセージ、ザワークラウト（酢キャベツ）といった組み合

わせが日常的な家庭の味として親しまれていますが、他のヨーロッパの国々でも日常食は飾り気のない素朴な料理がテーブルにのぼります。またヨーロッパでふだん人びとが口にしているパンは、一般に全粒粉を使った硬めのものがほとんどです。全粒粉はお米に置き換えれば玄米のようなもの。真っ白に精製された粉とちがって小麦胚芽やフスマまで含まれているため、それだけに栄養価が高いものです。

主食のご飯に雑穀を混ぜて炊いたり、ときどき玄米に変えてみたりすると、微量栄養素もとれますし、かみごたえがあるので自然にかむ回数がふえます。

バランスのいい食事とは、なにも栄養素ばかりを気にしてあれもこれもと取り入れることではありません。日本の風土と日本人の体に合った食生活は、家族みんなにとってなによりの健康食でもあるのです。

離乳期には口移しでも虫歯菌は感染しない

「口移しで食べ物をあげると虫歯菌がうつりませんか」

クリニックにみえるおかあさんから、ときおり出る質問です。

おとなが口の中で食べ物をかみくだいて食べやすくしたものを赤ちゃんにあげるわけですが、一時期、口移しは「不衛生」、「虫歯菌がうつる」という取り上げ方をされ、それ以来すっかり敬遠されているようです。

口移しで虫歯菌がうつるのかという質問に対する答えですが、離乳期の赤ちゃんには虫歯菌はうつらないことが研究によって明らかにされています。虫歯の主原因・ミュータンスレンサ球菌は、よく耳にすることがあると思います。この菌が離乳期の子どもにはうつらないことが証明されています。

「齲蝕の主な原因菌はS.mutans, S.sobrinusなどのミュータンスレンサ球菌です。この菌は口腔における代表的なバイオフィルム形成菌で、生まれたばかりの子どもには全く感染していません。感染・定着するのは生後19～31カ月の離乳時期以降であることが明らかになっています」（歯界展望Vol.99　No.1　2002-1より）

私は、口移しはむしろ好ましいと考えています。

一つには味、熱い、冷たい、硬い、やわらかい、といった感覚をおかあさんが自分で確かめてから赤ちゃんに食べ物をあげることができるという点です。

これはじつに合理的な方法です。「ちょっと大きすぎたかな?」、「これは硬すぎたな」

と赤ちゃんの様子を見て判断することができるのですから。そうすることで、おかあさんは「これぐらいのものなら食べられる」、「もうすこし冷ましてからあげよう」などの目安がわかるようになります。

離乳期を過ぎた赤ちゃんには虫歯菌がうつることもわかっていますが、赤ちゃんですから、いとおしさから抱き締めてキスをすることもあるでしょう。知らないうちにうつる可能性はほかにいくらでもあるものです。

味はおいしいか。熱すぎないか。魚の骨はだいじょうぶか。おかあさん、おとうさんが一つひとつ確認しながら食べ物をあげることができるのですから安心ですし、愛情たっぷりのコミュニケーションと言えるのではないでしょうか。

虫歯菌をうつすことを心配されるなら、まずおかあさんの口の中を常に清潔に保つことを考えるほうが先決ではないでしょうか。虫歯や歯周病は治療しておく。日頃のブラッシングは入念にする。そしておかあさんも、ダラダラと甘いものを食べたりしないことです。

これがキム流！ 口の機能の育て方

哺乳期――「哺乳の達人」にすること。

「哺乳の達人」への近道は、乳房哺乳。哺乳ビン哺乳の場合は咬合型乳首を使用（吸引型、流し込み型は避ける）。

「哺乳の達人」の目安

乳房→ 順調な体重増加。機嫌がいい。飲んだあと満足している。

哺乳ビン→ 咬合型乳首で、200 cc を 20 分以内にコンスタントに飲める。

※「哺乳の達人」になっても満6カ月までは、哺乳のみ。ミルク以外は与えない。

離乳期――親と同じ物が食べられるようになること。

開始 赤ちゃんが欲しがるまで与えない。生後7カ月目からかつ「哺乳の達人」になっていること。なっていなければ、なるまで待つ。

初期 開始1～2カ月。便の調子を見ながら徐々に量、回数を増やす。

食事／ごはん（せいぜいすこしつぶした程度）、みそ汁、野菜の煮物があれば充分。

お座り期 手が自由になる時期。

食事／親と同じ物、大きさに近づける。

目が離せない時期 口に入るものをまったく拒否せず、何でも口に入れてしまう危険な時期。最も大切な時期。

食事／味、性状、大きさなど、食品のあらゆる情報を脳にインプットできる時期。家庭の食事にバリエーションを持たせて、何でも経験させる。

咀嚼完成期――大人の食事をまともなものにし、安定した食生活習慣を確立する。

食事／大人の食事が家庭の食事。メニューの主導権は親がとり、子どもに合わせない。主食（白米）を見直してバランスをとる。水物で栄養（カロリー）をとらない。特に牛乳はとらないようにする。

※咀嚼の学習は、食品や調理形態に依存する。「かみごたえ」「かむ回数の増える」（硬いものではない）ように工夫しよう。

離乳初期から茶碗一杯のおかゆをペロリ

Kさん（29歳）

金先生のクリニックには、息子（一歳三カ月）が生後二カ月をすぎたころからお世話になっています。口蓋裂のため当初は小児科にかかっていたのですが、担当の医師が口蓋裂の子どもははじめてという方だったこともあり、ミルクが飲めるかどうか自信がなかったのでしょう。二週間ほどチューブを入れて栄養をとり、口から飲ませることはしませんでした。息子は三番目の子どもで育児には慣れていた私も、さすがにそんな先生の様子には不安を感じました。

金先生の哺乳指導を受けるようになってからビーンスタークという咬合型の乳首に変えたのですが、はじめのうちは飲み方がわかりません。飲めなくて怒って、三日ぐらいは泣いてばかりでした。一度、咬めばミルクが出るという要領がわかると、それからはどんどん飲めるようになっていきました。

三人兄弟のうち上の子ども二人は健常で、育児書や保健師さんの離乳指導などを受け、四〜五カ月から果汁やスープをあげたりしていました。

はじめは金先生の「とにかくミルクを飲みましょう。ほかのものは一切いりません」という言葉に、いままでとはちがうけれどいいのかな？　とも思いました。反面、育児書を見ているとどうしても「そのとおりにしなければ」とあせったり、

手間がかかるので面倒に思った経験など思い出しました。

息子がひたすらミルクを飲んでいるあいだは、まだかまだかという気持ちでしたが、生後六カ月をすぎて「もうだいじょうぶ」ということで離乳をはじめると、すごい勢いで食べるのです。今日はよく食べたという日でも一日トータルすると一食分程度だったりするものです。ところが息子は茶碗一杯のおかゆをペロリとたいらげてしまいます。いままで待った甲斐があった、ほんとうにそんな気持ちでした。

はじめのうちはお腹をこわさないように、おかゆを二、三回続けて様子を見ましたが、便の状態もよかったので、おかずを取り分けていろいろあげてみました。そんなことを続けているうち、七カ月で形のあるものも食べられるようになりました。

八カ月になると、親と同じものを口に入れてみては様子を見て、肉など噛み切れないものは私がかんで少し細かくしたものを食べさせたりしていました。りんごなどは切り分けたものをそのまま手に持たせてかじらせたり。こんな調子で一〇カ月、一一カ月になると、私たちとまったく同じものをふつうに食べられるよう

になっていました。

好き嫌いはとくにありませんが、ちょうど時期なのか、好きなものから指をさして食べたり、気がすすまないものは首を振って口から出すという自己主張をするようになりました。

上の子どもたちのときは、離乳食を作ってもとにかく食べないので、いろいろ試してみたり、保健師さんに相談もしました。たいてい「前の段階に戻しておかゆからはじめて」といったアドバイスが返ってきたものです。

いちばん下の息子は、赤ちゃん用のものは食べたがりません。ベビーフードはやわらかすぎて物足りない様子で、ふつうのご飯をおいしそうに食べています。おかずには特別な気配りはしていませんが、土地柄もあり魚が多めというぐらいです。

金先生はこちらが不安に思うことにはしっかり答えを返し、意見もはっきり言ってくださるのでとても信頼しています。先生の話を聞き、アドバイスのとおりに離乳を進めてきたことで、親の私も落ち着いた気持ちで子育てに取り組ませていただいております。

離乳期の食物アレルギーの気を付け方

生後七カ月以降に気を付けたいこと

毎年春を迎えるころになると、世間では花粉症の話題があちこちから聞こえてきます。アレルギーはちょっとしたきっかけで出るものですが、いまどきはアレルギーがない人のほうが少ないぐらいかもしれません。

花粉症は別として、やはり赤ちゃんのうちはおかあさんが気を付けてあげたいものです。

パート3では哺乳期の食物アレルギーについてふれました。おさらいになりますが、生後六カ月まではアレルギーに配慮して、

①果汁その他、母乳・ミルク以外のものは七カ月目に入るまで控える
②母乳・ミルクの代わりに牛乳、生乳などをあげてはいけない

というお話でした。

そこでここでは、〝哺乳の達人〟になった赤ちゃんが離乳をはじめる際に気を付けたい食物アレルギーのお話をすることにしましょう。

昔の人が経験から得た子育ての知恵の一つとして言われているものに、離乳期、とくに初期のうちは避けたほうがいい食品としてタマゴとブタ肉があげられています。これらはあげるなら少し時期を遅らせたほうがいいと言われています。

タマゴや肉類などには動物性タンパク質が多く含まれていますが、この動物性タンパク質がアレルゲンになりやすいことはたしかです。

とくに離乳初期には、炭水化物や野菜をベースにしたものが好ましいと思います。タンパク質を含む食品は、大豆をはじめとする植物性のものを選んであげることをおすすめします。

動物性タンパク質では魚やトリ肉、とくにササミからはじめるのがよいと言われています。ササミには脂肪が少ないためかもしれません。

もちろん食べた物がしっかり腸で分解されるようになれば、おとなと同じ物をあげてまったく問題ありません。離乳の初期だけ気を付けてあげればいいのです。

最初のころは赤ちゃんのお腹もまだ〝慣らし運転中〟です。

どちらかといえば、まだ主な栄養は母乳・ミルクからとっている時期ですから、あえて動物性タンパク質を一生懸命にあげる必要はありません。

がんばっちゃいけない離乳食を実践しました

Hさん（30歳）

私が金先生のクリニックにはじめてうかがったのは娘（一歳）が生後まもないころですから、ちょうど一年になります。娘は口蓋裂のため、プレートを入れた状態でしっかりと飲んだり食べたりする力がつくようにと、一カ月に一度のペースで哺乳指導、離乳指導に通ってきました。

はじめの指導では、とにかく子どもを「哺乳の達人にしましょう！」というお話で、二〇〇ccぐらいのミルクを一五分から二〇分ぐらいで飲めるようになることを目安に哺乳を進め、それからご飯に移りましょう、というアドバイスをいただきました。

こうしてよくあごを動かしてミルクを飲むことを続け、六カ月半ぐらいになったところ、「今日から離乳をはじめましょう」と声をかけていただきました。さあこれからだと少しばかり肩に力が入り、「がんばります！」と言うと、「がんばっちゃいけません」と先生に笑顔で言葉を返されたのを覚えています。

「途上国の人たちの子育てを考えてみてください。栄養は母乳か主食の芋類、その二つしかないんです。それで子どもたちはたくましく育っているでしょう？」

そんなアドバイスにはほんとうに説得力があって、育児書や市販の離乳食は買

わないでくださいね、という言葉にも安心してアドバイスのとおりに実践することができました。おかげさまですごく楽をさせていただいてます（笑）。

周囲の同じ月齢の赤ちゃんは一カ月早く、生後五カ月からりんごのすりおろしなどで離乳をはじめていたので、当初は出遅れているという気持ちが少しありましたが、気がつくと、うちの娘のほうが先に離乳を終えていました。一歳一カ月、二カ月でなかなか離乳を完了できない赤ちゃんも見かけます。

離乳のはじめのころは、胃に負担にならないものということで、おもゆをあげていました。それからだんだんにやわらかめのご飯をあげるようにして、八カ月になるころにはふつうの粒々のご飯を食べるようになっていました。

昔ながらの食事といったイメージで、おかずは煮物が多く、薄味にして家族全員で同じものをいただいています。なるべくおとなと同じおかずで、ということでしたので、子ども用に特別なものをつくることはしませんでした。人参やジャガイモなどは最初のうちはやわらかめに煮たものを食卓に並べましたが、離乳をはじめてひと月ぐらいですっかり慣れてからは、少しずつ硬くしていって、一歳になったいまは、まあまあの硬さのものでも平気で食べています。りんごも、皮

をむいて手に持たせてあげるとカミカミしながら食べています。

離乳は歩く、座るといった子どもの運動能力を見て進めていくというお考えで、「行動範囲が広くなってきたらどんどん進めていきましょう」と言われていました。

また「ちょっと早すぎるかなと思うようなものでもとにかく口に入れてあげてください」というアドバイスをいただき、いまは納豆でもタマゴでも、好き嫌いなくよく食べてくれます。レタスなどの生野菜は少しパサつくのか、口に入れてから一度出したりすることもありますが、それでも食べています。

離乳当初はまだじょうずに食べられなくて、のどに詰まらせたりしたら……など怖くなり、りんごなどはついすりおろしてあげたくなるものです。

先生によれば、固形物を飲み込む力はとても大事なものだそうで、「ひとりめのお子さんなので詰まらせたりすると怖いでしょうね」と言いつつ、「意外と子どもは慣れるものですよ」、「少々のどに詰まってもだいじょうぶ。たいしたことないですからビクビクしなくていいんです」など、いろいろ言葉をかけていただき、とても勇気づけられました。やってみると実際にそのとおりで、少々子どもがのどに食べ物を詰まらせてもあせらないようになりました。

苦労したことはこれといってありません。しいていえば、はじめのころはプレートがなじまなかったのか、おかゆとプレートを一緒に口から出してしまうことがあり、作るよりも食べさせるほうがつらかったことぐらいです。でも、なじんできたらまったく問題なく食べられるようになりました。だから、プレートの必要のない離乳はもっと楽だと思います。

詰まらせては大変だと手をかけて離乳食をつくっているおかあさんたちも、飲み込む力は子どもの発達と関係しているということを知っていればもっと気楽な気持ちでいられるのではないかと思います。

先生から「あせらないでくださいね」と言われたとおり、あせることなく離乳を進めることができ、とても感謝しています。

〝手抜き離乳食〟で子どもを元気に育てよう

なんでも口に入れるときこそ、好き嫌いのない子に育てるチャンス

赤ちゃんはお座りができるようになると、だんだん手が自由に使えるようになります。おかあさんが「なんでも口に入れてしまうから危なくて目が離せない」と心配するのも、ちょうどこのころからです。

手が自由になりはじめると、今度はハイハイです。ますます赤ちゃんは気ままに動き回るようになります。落ちているボタンやタバコの吸いガラなど飲み込みはしないかと、おかあさんは気が休まるひまもありません。どうやら八カ月から一歳二、三カ月ごろまでが、とくに心配な時期のようです。

おかあさんにとってはなにかと気をもむ時期かもしれません。しかしちょっと視点を変えると、じつはこの時期こそ好き嫌いのない子どもに育てる絶好のチャンスなのです。タバコやボタン、十円玉などは決しておいしい味がするものではありません。それでも赤ちゃんは平気で口に入れてしまいます。

それこそしめたもので、この時期の赤ちゃんは口の中に入れてあげれば、どんな味、大きさ、形、感触のものでもいやがらずに食べるのです。ピーマン、人参、セロリ、納豆やレモン汁、クサヤの干物でさえ、赤ちゃんは口に放り込んであげれば、こだわりなくなんでも食べます。三つ子の魂などと言われますが、この時期に覚えた食べ物の味、形状、感触などは、子どもが成長してからもごく自然に受け入れられるものになるのです。

食べものに関するあらゆる情報を学習させる（脳にインプットできる）大切な時期だけに、おかあさん、おとうさんがふだん口にしているおかずならどんなものでも積極的にあげてみることです。

これをきっかけにあっさり離乳してしまう赤ちゃんは少なくありません。何度も言うようですが、離乳で悩んだり戸惑ったりする必要はまったくないのです。

大きすぎて食べられないものは、いつまでも口のなかに入れているか、しばらくすれば自分で吐き出します。

だいたいどこの家庭でも献立にはサイクルがあると思いますが、あげてみて食べられなかったものは、一週間でも二週間でもたってから、またあげてみればいいのです。それでも食べられなければ、少し小さく砕いてあげればいい、それだけの話です。

こうしているうちに、赤ちゃんは家庭の味に慣れ親しみ、だんだん家族の一員として食事に参加するようになっていくのです。

バラエティーに富んだ味を覚えさせてあげる

家庭の味の主役は、あくまでおとなであるべきです。

若い人たちのあいだに広まるマヨラー現象。テレビでも、若手タレントから「私けっこうマヨラーなんです」といった会話が聞かれます。ご飯やパンなどの主食を含め、あらゆるものにマヨネーズをたっぷりとかけて食べることが大好きだと楽しそうに話している様子は、まるでファッションかなにかの話をしているように聞こえます。

しかしマヨラー現象は、それだけ味覚が崩壊している人がふえていることの現われのように思えます。

私たちは一人ひとり味覚にも差がありますが、味覚の基礎になるのは一歳から三歳ぐらいまでのあいだに経験した食べ物、つまり家庭での食事です。

これだけ世の中に「マヨラー」がふえている背景には、その時期の家庭食になんらかの原因があったと考えられます。味も含め、バリエーションが少なく、油っぽいものが多かったのでしょうか。あるいは小さいころから、どんな食べ物にもマヨネーズをかけて食べるという食生活をしてきたのかもしれません。

長期にわたって経管栄養を経験した障害児で、離乳の際におかあさんが大変苦労した例がありました。その子はマヨネーズがかかっていないものは一切口にせず、マヨネーズさえかけてあげればどんなものでも食べました。味覚が崩壊していたのです。

三歳までの食生活は大切です。家庭によって献立にはそれぞれサイクルがあると思いますが、季節の食材をとりいれ、味付けにもバリエーションを持たせる工夫は惜しまないでいただきたいと思います。

お座りができれば子どもにまかせて大丈夫

人間は手に食べ物を持ち、それを口まで運んで食べるという動作をしますが、それだけに手に何かを持つ、持てるようになるということは重要なのです。

赤ちゃんはお座りができるようになるにつれて手が自由に動くようになると、食べる能力（口の機能）が急速にあがります。ご飯、魚、野菜の煮物など、おとなと同じ大きさの食べ物でも平気で食べられるようになるのです。

三カ月、四カ月の赤ちゃんが離乳食を思うように食べてくれない、うまくいかないというのも、手と口の関係を知っていれば、どうということもありません。

赤ちゃんは手が動くようになれば、歯がなくてもじょうずに工夫して食べるようになるのです。ここまでくれば早すぎる食べ物はまずありません。しいてあげればイカやタコぐらいでしょうか。いずれにしても、食べられる、食べられないは親ではなく子どもが決めることだと覚えておいてください。

じょうずに食べられなくても、よほどのことがない限り誤嚥《ごえん》（食べ物などがあやまって気道に吸引されること）はありません。お座りが安定していれば食べられないものは口から出すか、飲み込もうとせずにいつまでも口の中に入っています。

食べ物が気道に入ってむせることもあるかもしれませんが、このような失敗はむしろ赤ちゃんにとって大切なものです。失敗することで慎重に食べることを学ぶのです。

よちよち歩きはじめたばかりの赤ちゃんは、転んでどこかを打ちつけることもありますが、そういう経験をしながら、歩くことを学んでいくのです。

赤ちゃんが一度でも食べ物がノドにつかえた経験があると、おかあさんが臆病になってしまうケースもありますが、子どもが発育する大切な時期です。

赤ちゃんの食事には、誰かしらおとなが側についていると思います。食べ物が気道に入ってむせてしまったら、おとなが冷静に対処してあげればいいのです。背中をたたく、ノドに指を入れて吐かせる、それでも出ないときは逆さにして赤ちゃんの背中をトントンとたたいてあげればいいのです。

親が食べて美味しいものを与えよう

一時期、塩分の取りすぎは高血圧や腎臓病を招くということで、しきりに「減塩」が叫ばれ、いまではそれがすっかり定着しました。健康面を考えれば、家庭の食事は薄めの味付けを心がけたいものです。

おとなと同様、赤ちゃんの食べるものも「薄味」が定番になっています。ところが市販のベビーフードには、どうも薄味を通り越して、ほとんど味がないものが見受けられます。野菜が何種類もまざっているなど、どれも似たり寄ったりの味にも感じられます。赤ちゃんはまだ言葉で伝えることはできませんが、おとなが食べて美味しくないものが、赤ちゃんに美味しいはずがありません。

赤ちゃんが離乳食を食べてくれないと、おかあさんはいろいろと心配します。でも、赤ちゃんだって美味しいものなら食べるはずです。

味を覚える大切な時期ですから、おかあさん、おとうさんが食べて美味しいと思うものをぜひあげてほしいと思います。

薄味を心がけるといっても、醤油やミソは私たち日本人の食生活を豊かに彩る基本の調味料として欠かせません。減塩、減塩と神経を使うよりも、ダシなどの旨みをきかせることがポイントです。ダシさえよくとれていれば、塩分は控えめでも美味しい味に仕上がります。

気負わない離乳は、ほんとうにたのしい経験でした

Tさん（35歳）

金先生から下の娘（一歳三カ月）の哺乳や離乳の指導をしていただくようになったのは、ほんとうにちょっとしたきっかけからでした。中学二年になる長女が矯正でお世話になっているので、付き添いとして、下の娘をつれて金先生のクリニックにおじゃましていたのです。下の娘が生後二～三カ月のころでした。お姉ちゃんの治療が終わってから先生とたわいないおしゃべりをしていたときに、なにげなく「この子、ちっとも離乳食を受けつけてくれないんですよ」とお話したのがはじまりでした。

お姉ちゃんのときは育児書を見たり、病院で離乳指導を受けて、そのとおりにしていました。ところが、下の娘はぜんぜん受けつけてくれないのです。

「そんなこと、ぜんぜんしなくていいんですよ」

赤ちゃんは一〇カ月で生まれてくる子もいれば、六、七カ月で生まれてくる子もいるのに、みんな一律に「生後二カ月から離乳をはじめましょう」なんて、その子の成長のペースを無視している。そんな先生のお話にもっともだと感心してしまい、ここぞとばかりに日頃悩んでいることを聞いていただいたのです。

「とにかく、おっぱいを飲む達人にさせてあげてください。離乳は六～七カ月

になってからで十分です」

という明快な答えが返ってきました。あごの発育をかねて、二〇〇ccぐらいゴクゴク飲めるようなおっぱいの達人になれば十分というお話に、あと三カ月ぐらいなにもしなくていいんだと思うと、気持ちがとても楽になりました。

「子どもがほしがるものを、ほしがるときにあげる。それでいいんです。ほしがれば一歳でゴボウだってあげていいんですよ」

離乳のタイミングを含め、いろいろ聞かせていただきましたが、育児書にありがちな至れり尽くせりのやり方ではなくて、私たちのお婆ちゃんの世代がしていた子育てのような印象を受けました。簡単だけれど、知恵や経験のうらづけがきちんとある方法とでも言えばいいでしょうか。

六～七カ月ぐらいになるとヨダレをたらしたり、おとなが食べている食事をほしそうな顔で見るなど、赤ちゃんのほうからアピールしてくるので、そうなったらどんなものでもあげてかまわないということ。気をつけるのはおとなの食事の味付けを薄めにすることぐらいで、それをお箸やスプーンでつぶして子どもにあげればいいという単純明快な内容です。「薄味ならおとなにとってもいいでしょう？」と

いうひと言も添えて。

その後、ひたすらあごを動かして母乳を飲むわが娘を見守りつつ、病院で「離乳食は進んでいますか」とたずねられると、「はい」と流していたのですが、だんだん病院から足が遠ざかるようになりました。

そうこうするうちに、私たちが口元に運ぶ食べ物を娘が目で追うようになりました。この〝サイン〟が出たところで離乳を開始。わが家では始めから一〇倍がゆではなく、七倍、五倍からスタートさせました。哺乳の達人になっていたからでしょうか。スタートからそれほどたたないうちに、娘はおかゆより、むしろふつうのご飯を喜んで食べるようになりました。ひと月も過ぎたころにはおもしろいぐらいにパクパク食べてくれるではありませんか。お姉ちゃんのときは苦労してあげていたことを思い出し、「なにがひと匙からよー」と思わず口走ってしまいました（笑）。

いつもの生活のなかで、自分たちが食べているものを「ちょっと食べてみる？」という感じで子どもにあげて、食べたら「よかったね！」と素直に喜ぶし、口から出したら「大きすぎたね。また今度ね」ぐらいの気負わない離乳は結果的に大

成功でした。親のほうにも「なんで食べてくれないの？」というストレスがありませんから、子どももののびのびしています。

また、一歳前後からはじまるタバコでも釘でも口に入れてしまう時期はいろいろな食べ物を覚えさせるチャンスだというのです。今だ！　とばかりにピーマンやトマトなど、子どもが敬遠しそうなものでもどんどん口に入れてあげれば好き嫌いのない子になると聞いて、じっさいに納豆やピーマンなど娘の口に放り込んでみました。これも結果は大成功。一見してかみつぶせるかな？　と思うようなものでも、けっこう食べてしまうものです。

おもしろかったのは、「おとなと同じものが食べたい！」と思う子どもの心理を利用すれば、というアドバイス。実際、娘は子どものお皿からあげると食べないのに、同じおかずでもおとなのお皿からとってあげると食べないものはありません。

金先生はご自身の子育ての経験も交えてお話してくださるので、とにかく説得力があり、安心して離乳を進めることができました。先生と出会えたことで、私にとって離乳はとてもたのしい経験になりました。先生、ほんとうにありがとうございます。

part

5

元気な子どもを育てる「家庭の食事」

一歳くらい〜三歳くらい

健康な子どもを育てる「食生活の基礎づくり」

「きちんとかめる基礎力」を三歳までに身に付ける

「歯があるからかめる」という神話

離乳をはじめたばかりの赤ちゃんは、おっぱいを飲むときと同じように舌の中央を盛り上げて上あごに押し付けるような動作で食べ物を食べています。それからだんだん歯ぐきを使って食べるようになり、歯が生えてくると、食べ物を歯でかんだり潰したりしてそしゃく（かみ砕くこと）して飲み込めるようになっていきます。

おとなはとかく「歯が生え揃わないと食べられない（かめない）」と考えがちですが、そしゃくは本来学習して身に付けるもの。歯が生え揃えば自然にできるものではありません。一歳前後といえば奥歯が生えるか生えないかという時期ですが、まだ奥歯が生え

ていない赤ちゃんにも、かみごたえのある食べ物でもなんでもあげて、むしろそしゃくを学ぶチャンスを与えてあげることです。適応力にすぐれた赤ちゃんは、試行錯誤しながら奥歯がなければ前歯を使って食べるような工夫を見つけるものです。

話は変わりますが、私が在籍した歯科矯正学講座の伊藤学而教授が沖縄県宮古島で歯科疾患実態調査を行った際、とても興味深いお話をされました。

総入れ歯というと一般に、食事のときに食べ物をかみ砕くという用途を真っ先に思い浮かべる人が多いと思います。ところがこの調査では、総入れ歯を人と会うときの「身だしなみ」として使用している高齢者が非常に多いことがわかったのです。

「ウチのおじいちゃん、外出から帰ると入れ歯をサッサとはずして『さっぱりした』なんて言うんです（笑）」

こんな話を聞いたことはありませんか。たしかに外出から帰宅したら誰でも楽にくつろぎたいものです。

実際、自宅で食事をするときは入れ歯を外して食べるというお年寄りは少なくありません。歯が何本も抜けてすいたまま放っているようなおじいちゃん、おばあちゃんが、「かみにくくなった」と言いながら、肉やタクアンを器用に食べていたりするものです。

また病院で食べやすいようにすり潰された食事が出されると、「食べた気がしない」というお年寄りも少なくありません。

韓国には「歯がなければ歯ぐきで生きろ」（歯がなければ歯ぐきを使ってかめばよい）ということわざがあります。もちろん歯にくらべれば歯ぐきはかむ力がそれほどあるものではありません。それでも重要なのは、かむことよりもまず食べ物を体に取り入れること。歯がないからと入れ歯を作りにいき、できあがるのを待っていたらそのあいだに餓死してしまう——形にこだわるより、身近なもので工夫しても目的を遂げることが先決であるというたとえのようです。

食事時にあえて入れ歯を外すお年寄りの例からも、かみごたえのある食べ物も工夫しだいで食べられるという事実がうかがえます（お年寄りが子どもだった時代にはほとんどの人が母乳で育てられ、口にするものも穀類や芋、季節の野菜など、いまとはずいぶんちがった食生活をしてきたはずです。それだけに口の基礎体力の面でも、現代っ子とのあいだには相当な開きがあったはずです）。

当院に、先天性無歯症（生まれながらにしてまったく歯が生えてこない）赤ちゃんが来ています。おかあさんは、歯が無いのでやわらかい介護食のようなものしか食べられ

ないのではと心配していましたが、一歳になったころには、すりつぶすことなく、ほぼ親と同じ物が食べられるようになっています（ピーナツのように歯がないと食べられないのは難しいですが）。

歯科医師が「食べる」と言えば、食べ物を歯でしっかりすり潰し、粉々にしたものを飲み込むレベルを指すでしょう。それを「食べる」と言うなら、たしかに入れ歯を外したお年寄りや無歯症の患者さんにはむりでしょう。

しかし私たちヒトも動物ととらえれば、それは必ずしも本来の食べ方ではありません。動物にとって「食べる」ということは、食べ物を飲み込める程度の大きさ、形にすることができて、それを飲み込むことです。ヘビのように、なかには獲物を丸呑みにしている生き物もいます。動物にとって食べるとは本来、生命を維持すること。

「歯があるからかめる」という発想は一種の神話にすぎません。

厚生労働省発表の「離乳の基本」に「歯ぐきでつぶせる硬さ」（咀嚼月齢九〜一一カ月）、「歯でかみつぶせる硬さ」（同一〜三年）とありますが、これも「歯があるからかめる」という発想の裏返しに思えてなりません。

そしゃく能力は食べ物に依存する

人間は雑食ですが、主体になる食物は穀類（植物）です。胚芽のついた玄米などとくにそうですが、穀類はある程度かんですり潰さなければ吸収効率が悪く、栄養素が素通りすることになります。人間はそれを知っていて、昔からかむという動作を繰り返してきたのです。

神奈川歯科大学の斎藤滋教授のグループが、古代から現代までの食事を復元してかむ回数と食事時間を調べたところ、現代人がいかにかまない食生活を送っているかが明らかにされました。

それによると卑弥呼の時代には、一回の食事のときにかむ回数は四〇〇〇回近く（時間は五一分）、時代とともに減少し、戦前の食事ではかむ回数は一四二〇回（同二二分）、現代に至っては卑弥呼時代の約六分の一にあたる六二〇回、時間はたったの一一分という短さです。

そしゃく回数の減少は洋食が増え、かまずにすむ軟らかい食品が増えたことが関係し

ています。グラタンやハンバーグ、ドリアなど、軟らかく高カロリーなメニューほど現代っ子には人気があるようです。

パンケーキや白米のご飯を前にして「食事はよくかんで食べなさい」とおかあさんがいくら言葉をかけたところで、子どもはそしゃくを学ぶことはできません。そしゃくは食べ物の性質と深くかかわっているのです。

そしゃくの一番の先生は「かみごたえのある食べ物」です。必ずしも硬いものではなく、かむ回数の増えるものです。

かみごたえのある食品には昆布やワカメ、ヒジキなどの海藻類、かんぴょう、小魚、くらげ、キノコ、豆類、穀物、ナッツ類、スルメ（イカ）やタコ、貝類などがあります。またおかずなら、きんぴらごぼうや切り干し大根の煮付けなど、食物繊維が多く含まれるいわゆる〝おふくろの味〟的なものがあげられます。

赤ちゃんは口の中に食べ物を入れてあげると、まず飲み込もうとします。飲み込めないときはじめて砕こう、小さくしようとするのです。ですからタコなどあげると、一〇分でも一五分でも口のなかでかんでいます。こうして自然にそしゃくを学ぶのです。軟らかい食べ物ばかりでは、かまずにすぐに飲み込むことを覚えてしまいます。

くり返しになりますが、子どもは「歯が生えてきたから食べ物を食べられる」のではありません。歯が生えていても、そしゃくすることを学ばなければ、かめるようにはなりません。食事を問題なく食べられるようになれば不正咬合の心配もまずありません。口の機能が伸びる三歳までの時期に、しっかり練習するチャンスをつくって、きちんとかめる基礎体力を付けてあげてください。

大きなものを飲み込める能力も大事

「この子、大きいものをぜんぜんかまないで飲み込んでしまうんです」

ときどき、こんなふうに心配するおかあさんがいらっしゃいます。

大きなもの、硬いものをかみくだくためのそしゃくの学習とは一見矛盾するようですが、硬いもの、大きなものをゴクンと飲み込めることも重要です。

お話したとおり、動物は本来できるだけ効率のよい食べ方をして、できるだけ早く食べ物を胃袋に送り込みたいものです。いまどきおとなでも大きなものを飲み込めない人を見かけますが、赤ちゃんが大きなものを飲み込めるのは、それだけ口の基礎体力が身

に付いている証拠です。食べる機能で飲み込むことは、「食べ物を取り込み、かみ砕いて、飲み込む」という一連の流れの最後の段階です。この最後の段階だけがよく発達していることはなく、大きなものが飲み込めることは、その前の段階もよく発達しているということの表れです。心配するのではなく、ほめてあげてください。そして、さらに大きなものやかみにくい、飲みにくい食品をあげていけばいいのです。

一歳以降の子どもの発育目安

虫歯を予防する食べ方

一歳六カ月前後になると第一乳臼歯が生えてきます。それまでにそしゃくの学習を重ねていれば、大きさや硬さなど、基本的に子どもは食べられないものはありません。

一歳から三歳までのあいだに乳歯がほぼ生えそろいますが、なかでもいちばん大きな第二乳臼歯は、だいたい二歳六カ月から三歳ぐらいのころに生えてくることが知られています。

歯が生えてくると、どのおかあさんにとっても気になるのが虫歯の問題です。

虫歯の原因としてミュータンスレンサ球菌があげられますが、気を付けていても、一

生虫歯の菌に感染しないなどまず現実ではありえません。口の中は雑菌の巣です。好気性菌、嫌気性菌、スピロヘータなど多種多様な菌が見られます。母乳しか飲んでいない赤ちゃんも、乳酸菌の酸によって歯の表面は白く虫歯になります。

また虫歯といえば甘いもの、砂糖が目の仇にされがちですが、問題は砂糖の摂取量よりも、甘いものをダラダラと食べ続けることにあります。

キャンディを口にほおりこんでは口の中でころがし、溶けてなくなるともうひとつとダラダラなめ続ける。甘いお菓子を袋ごと抱え込んで、遊びながらちょいちょいつまんで食べる。ジュースをひと口飲んでは冷蔵庫に入れ、また出してきて飲む。このように、歯の表面に砂糖の成分が長くふれているほど虫歯になりやすいものです。

遊びながら、テレビを見ながらなどのながら食べ、ダラダラ食べを習慣にさせないためには、はじめから子どもに袋ごとお菓子を渡さないことです。おやつは量を決めて、ジュースならコップ一杯、袋菓子ならあらかじめ小分けにしたものをあげたいものです。

同じ理由で、哺乳ビンにジュースを入れて赤ちゃんにあげることも避けたほうがいいでしょう。チビチビと時間をかけてジュースを飲むことはよくありません。それに赤ちゃんは乳首をくわえたまま眠ってしまうこともあります。

食事とおやつは時間と量を決めてあげる。そして食べ終わったらお茶、水をひと口でも飲む習慣をつけることです。それだけでもかなりちがいが出るものです。

フッ素をじょうずに使って虫歯を防ぐ

食べ方の工夫で虫歯はかなり防げるものですが、さらにフッ素を取り込むことで、虫歯になりにくい丈夫な歯にすることができます。フッ素の応用で単純に虫歯の数が半分になると言われています。

歯科医院で定期的にフッ素の塗布を受けたり、家庭でフッ素入りの歯磨き剤を活用する。さらにこの二つを併用すればより効果的です。

フッ素入り歯磨き剤には発泡性と、低発砲性のものがあるのをご存じですか。発泡性のものはどうしても泡が立ち、しっかり口をすすぎたくなるものです。しかしあまり何回も口をすすぐとフッ素まで洗い流されてしまいます。フッ素入り歯磨き剤は低発泡性のものを選び、少量の水を口にふくんで軽く一度すすぐ程度がいいのです。また、そのあと一時間ぐらいは飲食は控えたほうが効果的です。

ブラシにはあまりたくさん歯磨き剤をつける必要はありません。むしろ長い時間フッ素が歯にふれるように時間をかけることが大切です。

より手軽な方法として、歯をきれいに磨いたあとフッ素洗口液を少量口に含み、歯全体にいきわたらせるようにします（フッ素洗口液は歯科医院で手に入ります）。

欧米ではあらかじめ水道水にフッ素を入れ、地域全体で虫歯の予防に取り組んでいるところもあります。日本では一部にフッ素の過剰な摂取による弊害を重視する意見があり、いまのところ実現はむずかしそうです。その代わりとして、学校で集団的にフッ素洗口を行っているところが増えています。その効果には目を見張るものがあります。歯磨きの徹底や食事指導などとの相乗効果により、虫歯が八〜九割減ったという報告がたくさん寄せられています。

しかし専門家の指示を守れば、フッ素は安心して取り入れることができるものです。子どもの虫歯は極力つくりたくないという場合には、乳歯が出てきた段階でフッ素の塗布を受けるのも一つの方法です。早過ぎるということはありません。

塗布するサイクルですが、濃度によって三カ月から六カ月に一回程度というのが一般的です。

赤ちゃんに歯が生えはじめたら、フッ素の塗布と同時に、赤ちゃんの歯の磨き方を教えてもらうなど、歯科をじょうずに活用してください。

見た目で食べ物を判断するようになる前に（食品に慣れて食べられるようにする）

「最近、好き嫌いをするようになって」

一歳六カ月健診で、おかあさんからよくこんな言葉を聞くことがあります。それまでふつうに食べていたものまで食べなくなってしまったと心配しているのです。

これは正確に言えば好き嫌いというよりも選り好みにあたり、子どもに自我が目覚めはじめた証拠です。テーブルに何種類もおかずが並んでいて、「こっちのほうがおいしそう」だから「こっち」ばかり食べたい。他のものは「いらない」という自己主張です。

この類の好き嫌いはそれほど心配はいりません。好きなおかずがなくなっても、まだお腹が空いていれば子どもは他のおかずを食べるものです。

ただしこの時期特有の〝好き嫌い〟が出はじめると、子どもは未知の食べものに対して「これはおいしそう?」と見た目で判断するようになります。

これはおとなにも言えることで、それだけ子どもが成長したと見ることができます。

たとえばオーストラリアの原住民、アボリジニーにとって芋虫（ウィチッティグラブ）の生食は昔からの食習慣ですが、私たちが彼らからそのごちそうを勧められて、なんの抵抗もなく食べられる人はまずまれでしょう。目の前でテレビカメラでも回っていれば話は別かもしれませんが、一般に私たちは未知の食べ物に対しては見た目で判断しているものです。芋虫やアリ、蝉の幼虫などを貴重な栄養源として取り入れるのも食文化なら、梅干や納豆、塩辛、ぬか漬けも食文化です。どこの国、土地にも風土やそこに暮らす人たちに合った食があり、ごく幼いころから口にしてきた食べ物がその人の生涯にわたって、食生活の基礎になるのです。

だからこそ食べ物を見た目で判断するようになる前に、できるだけバラエティに富んだ家庭の味を経験させてあげることが大切です。

正しい食習慣を身に付けさせる――食事中に水分を取り過ぎない

最近の傾向として、子どもたちのあいだに、水やお茶など水分で食べ物を胃に流し込

むような食べ方が目立ちます。小学生になるとコップに二杯も三杯も水分をとることがあたり前になっている子どももいて驚かされます。「口が乾いて食べ物がのどをとおりにくい」というのがガブ飲みの理由のようです。のどにつかえるからと、親がすすんでお茶や水を飲ませるケースも多いものです。

食事中に水分を取りすぎるとだ液の分泌量が減ってしまいます。それでまた口が乾いて水を飲むという悪循環に陥るのです。だ液には口内の浄化作用があり、分泌が少なくなるとそれだけ虫歯や歯周病が増えるもとにもなります。マウスのだ液腺の研究では、液状飼料で育てられるとだ液腺の発育が遅れ老化が早まると言われています（金俊熙、一九九〇）。だ液腺を発育させるためにも、食事中の水分は控えたいものです。

また、食べ物はきちんとかんで食べることが大切ですから、かむ必要のない液体からカロリーをとることは好ましくありません。カロリー、栄養は食事で取るように心がけ、牛乳、乳酸菌飲料、炭酸飲料、清涼飲料などから不要なカロリーを取らないことです。水ものは飲み出すとどんどんお腹に入りますが、ジュースや牛乳にもカロリーはあります。飲み過ぎれば肥満にもつながりかねません。

果汁一〇〇パーセントのジュースをおやつにコップ一杯ぐらいあげることはかまいま

せんが、子どもにビンごと渡して好きなだけ飲ませるようなやりかたは避けたいものです。

食事中は水やお茶を不必要にあげない。ジュースや牛乳も控えましょう。

ただし食後一杯ぐらいのお茶は口のなかをきれいにしてくれるものとして、むしろおすすめします。

話はとびますが、高齢者の口腔乾燥症や舌痛症も同様な悪循環になっていることが多く、食事のとり方を変えるだけで改善することが多いものです。

しつけについて

食事中は不用な水分をとらない、遊びながら、テレビを見ながらのダラダラ食べ、ながら食べはさせないなど、この時期の子どもには毎日の食を通して日常生活に必要なことを習慣づけたり、マナーや規律を徐々に身に付けさせていきたいものです。

三つ子の魂百までと言うことわざがありますが、子どもは誕生から三歳ぐらいまでのあいだは白紙に近い状態。それだけにおかあさん、おとうさんが教育すれば、いくらで

も吸収するだけの余地があるのです。

この時期の子どもは、まだ話し合いでわからせるという年齢ではありません。しつけは親のほうで道筋をつけて、「こうしなさい」、「ああしなさい」というやり方でよく、そのなかで子どもに「いい」、「悪い」をきちんと教えていくべきだと考えます。

たとえばダラダラ食べをしている子どもは、二回注意しても直らなければ食事を片付けてしまうぐらいのことはしていいと思います。もちろん、ほめて育てるのが子育ての基本ですが、悪いこと、危険なことはしからなければいけません。ただし子どもを必要以上に怖がらせたり、長々と小言を繰り返すようなしかりかたは考えものです。いけないことをしたときは、短く、怖い顔でしかるというのが基本です。

「いただきます」、「ごちそうさま」は、おかあさん、おとうさんの口からいつも自然に出ていれば、子どもも自然に身に付けていくものです。食事の内容もそうですが、まず親のほうから率先していいお手本になることが大切です。

食事をいただくときの姿勢や、箸の持ち方、使い方などのマナーも徐々に教えてあげたいものです。また口を開けて食べる（クチャクチャと音を立てて食べる）ことも、この時期から気を付けてなおしておきたいもの。

箸の持ち方は三歳ぐらいの子どもには少々難題かもしれませんが、箸は日本の文化でもあります。ゆっくりでも練習させてあげたいものです。はじめのうちはボタンやおはじきなどを用意して、器から器に箸で移すなど、遊びのなかで楽しみながらしつけるのも方法です。

気を付けたいこんなこと

うつぶせ寝で育てられた子どもに噛み合わせの問題が多い

かつて、赤ちゃんをうつぶせ寝で育てることが大流行しました。

もともと日本や韓国、中国をはじめとするアジア系の国々では、昔からあおむけ寝で生後数カ月をすごす赤ちゃんが一般的でした。そこに当時、アメリカで主流のうつぶせ寝が輸入されたのです。

うつぶせ寝のメリットがいろいろ紹介されるなかで、とりわけうつぶせ寝は小顔になる、欧米人のような顔の形になると言われたことで火がつきました。

事実、赤ちゃんがうつぶせ寝を続けると顔の幅は狭くなるものです。そこに問題があ

長頭型と短頭型の比較　図10

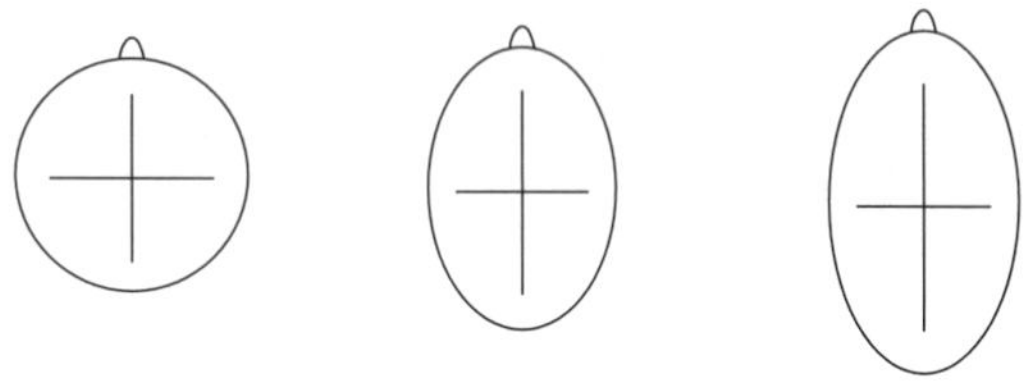

りました。

ちょうどそのころ赤ちゃんだった子どもたちは、すでに小学校高学年から中学生ぐらいになっていますが、当時うつぶせ寝で育てられた子どもに、噛み合わせの問題を抱えているケースが多く見られるのです。

もともと欧米人とアジア人では頭の形にちがいがあります（図10）。欧米人は「長頭型」といって、頭が前後に長いのです。ですから正面から見ると顔の幅が少し狭くなっていても、そのぶん奥に深いためあまり問題にはなりません。

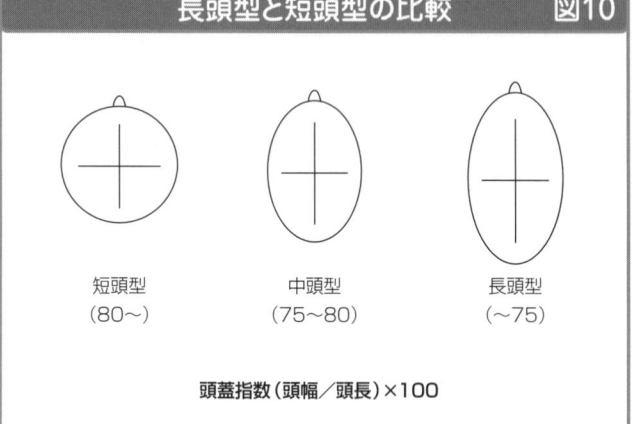

それに対してアジア人は頭の形が丸い「短頭型」です。日本人はとりわけ「短頭型」化が進んでいて、頭がいっそう丸みをおびる傾

向にあります。それだけ頭に奥行きがないのです。

頭に奥行きがないところへもってきて顔の幅が狭くなると、当然、生えてきた歯が並びきれなくなります。それで乱ぐい歯、叢生《そうせい》と呼ばれる歯列不正になるのです。

いまは乳幼児突然死症候群（ＳＩＤＳ）の予防という意味合からも、うつぶせ寝はなるべくさせない傾向にあります。

ただしうつぶせ寝には呼吸機能の上昇などが見られ、未熟児や病気の赤ちゃんに関しては、あおむけになって寝ているよりもいい面が認められています。

未熟児の赤ちゃんは呼吸がじょうずにできないため、あおむけに寝ていると舌根が下がってきて呼吸困難を起こす危険も考えられます。うつぶせに寝ていれば舌が前へ位置しますので、それだけ呼吸が楽にできるのです。

生死にかかわる問題ですから、未熟児や病気の赤ちゃんの場合にはうつぶせ寝が優先されます。

指しゃぶり

幼児期の指しゃぶりが開咬《かいこう》（前歯が噛み合わない）や、上顎前突（出っ歯）の原因となることは矯正学では常識になっています。

乳児期には七〇〜九〇パーセント（発生頻度）の子どもで程度の差こそあれ指しゃぶりを行っており、幼児期には二〇〜四五パーセントに低下しますが、きわめて生理的なものと言えます。

しかし頑固な指しゃぶりの原因を特定することはむずかしく、決定的なことはわかっていません。口さびしさや、精神的に不安定になると口になにかをくわえようとするといった考え方が一般的で、それは家庭環境や社会的背景と密接にからんでいると考えられています。

指しゃぶりをむりにやめさせようとすると、代わりにチック症（顔や肩などの筋肉がとつぜん不随意に動きだす症状。目をパチパチさせたり、肩や腕をピクッと動かすことをくり返す）が出たり、爪かみ、特定布に依存するようになるケースも見られます。こ

のような理由から、三歳、四歳ぐらいまではむりに指しゃぶりをやめさせる必要はないというのがおおよその歯科医の見解になっています。

ただし、指にタコができるほど強く歯で指をかむような場合には注意が必要です。このようなクセがあるとだんだん前歯のあいだが開いてきますが、開いたすき間に下くちびるや舌を入れて飲み込むなどの悪い習慣を覚えてしまうケースが見られます。このような状態がつづくと、指しゃぶりをやめて小学生になっても歯並びが正常に戻ることはありません。

矯正学的に見れば、指しゃぶりは早くやめたほうがいいと言えます。ただし原因がはっきりしていませんし、子どもによって状況がちがうため、気になるようなら矯正歯科や小児歯科の専門医を受診することをおすすめします。

次頁（図11）に指しゃぶりの指導の目安を示しておきます。

指しゃぶりに対する指導の基準　図11

	経過観察症例	指導を要する症例
年　齢	４歳まで 3、４歳になるとそろそろ自然にやめる可能性がある	５歳以上 自然にやめる可能性は少ない
しゃぶる頻度	増齢的に減ってきている 寝入りばな、就寝中、退屈な時ぐらいで、次第に頻度が減ってきている	減ってきている様子が見られない 昼間もよくしゃぶる
指だこ	ない、あっても軽度	ないこともあるが、はっきりわかることが多い
歯科的影響	歯列に影響なし あっても歯槽部に現局した軽度の歯列不正	歯列咬合・発音・舌癖口元などに影響が出ていて、程度もひどい
その他	大きな心理的要因で引き起こされている行動の一つとして、指しゃぶりが見られ、抱えている問題の本質が指しゃぶりだけの問題ではないように思われる場合 → 臨床心理士へ紹介する	

山口秀晴他監修、口腔筋機能療法(MFT)の臨床より

世代を追って歯は大きくなる傾向にある

不正咬合の予防や治療以前の話になりますが、世代を追うごとに、一本一本の歯が大きくなる傾向にあることがわかっています。

あごが十分発育していても生えてくる歯が従来より大きければ、歯は並びきれなくなり歯並びはガタガタになります。

なぜ歯が大きくなる傾向にあるのか、この原因はまだ解明されていませんが、身長と有意な相関があり、身長の世代変化にかかわる環境要因、すなわち食生活環境と関係があると考えられています（上村健太郎、二〇〇四）。

ただしマウスを使った実験で、高タンパク食を子マウスに与えつづけると歯が従来よりも少し大きくなることがわかっています。

ヒトの場合はどうでしょう。

乳歯と永久歯の大きさにはかなり高い相関があり、乳歯が大きい子どもは永久歯も大きくなる傾向があることがわかっています。

歯が大きくなる現象は、すでに母胎内で乳歯がつくられるときに問題があるのかもしれません。

胚が母体の子宮内で胎盤と組織的に連絡し、生まれ出るまで栄養の補給を受けて発育することを胎生と言いますが、歯胚は胎生七週目あたりからできはじめると言われています。

昔に比べて、いまの日本人の食生活では全体的にタンパク質の摂取量が大幅に増えています。かつて食事と言えばご飯に味噌汁、漬物。せいぜい食べてもアジの干物ぐらいのものでした。

いまは肉も魚もあたり前に食べますし、タマゴは安価で手に入り、牛乳も飲めばチーズも口にする時代です。

こういう時代にあって、とくに妊娠中はより積極的にさまざまな栄養をとろうと食生活にも気を配ります。そこで妊娠中のおかあさんの食生活にタンパク食が多いことが、子どもの歯を大きくしている一つの原因とは考えられないでしょうか。あくまで推測の域を出ませんが、これなら世代が進むごとに歯が大きくなっていくことへの説明がつきます。

鼻呼吸をとるか、歯並びをとるか(おしゃぶりを使う)

口呼吸がつづくと歯列の幅が狭くなり、上顎突出（出っ歯）や骨格的な開咬（顔が長くなる）などに結びつくケースが見られます。

口呼吸がクセになってしまう前に、気づいたら口を閉じてあげるなどして、鼻呼吸に戻すことが大切です。

鼻炎や蓄膿症などで鼻がつまると無意識に口で呼吸をするようになるもので、この場合には鼻の病気を治すことが先決です。

鼻呼吸は口が閉じられていることが前提です。どうしても子どもの口呼吸があらたまらないときは、思い切って「おしゃぶり」***を活用するのも方法です。

おしゃぶりは歯並びに影響するのでは？　と心配に思うかもしれません。たしかに、おしゃぶりをかむことがクセになると、指しゃぶりの項で取り上げたような弊害が出てきます。

しかし、「鼻呼吸」と「歯並び」のいずれを優先させるべきかと言えば、この時期に

は「鼻呼吸」をとるほうが賢明です。歯並びよりも口呼吸のほうが、口の発育や全身の免疫力に及ぼすダメージが大きいためです。おしゃぶりの使用で歯並びに多少の影響が出ても、口を閉じてもらうことのほうが先決です。

おしゃぶりをかむクセがついたためにも前歯がすいてきたとしても、これはまだ歯と歯のまわりの骨の変形にとどまりますが、口呼吸をつづけていると上あごと下あごなど、顔の骨格（骨の形）そのものの不正につながりかねません。

ただしおしゃぶりはあくまで道具。道具も使い方を誤るとかえって問題につながりかねません。まずは専門家に相談することをおすすめします。

＊＊＊172P

「おしゃぶり」について、当院ではおしゃぶりを口呼吸改善のために使用することはなくなりました。幼少期から口をしっかり閉じてよくかんで食べることで、口の周りの筋肉が鍛えられ、自然と口が閉じられるようになります。また、外でしっかり遊ばせることで全身の筋肉が発達して姿勢が良くなることで口呼吸は改善していきます。おしゃぶりは、口から飲めない障害を持った乳児の機能維持で使用する程度です。

元気な子どもを育てる「家庭での食事」

家庭での食事は楽しく、安定したものを

乳幼児期はその人の心と体の一生の土台がつくられる大切な時期です。そして一歳から三歳にかけて、子どもの食生活は「飲むこと」から「食べること」へと移っていきます。昔から三つ子の魂百までなどと言われますが、とりわけ食は一年三六五日、毎日食べ続けるわけですから、食生活が心身に与える影響ははかりしれません。

この時期に心も体も健やかに成長するための食生活、家庭の食のあり方について考えてみたいと思います。

食事の時間はおかあさん、おとうさんと子どものコミュニケーションのひとときです。

食事はゆっくりと、よくかんで食べることも大切ですが、食事の時間が楽しいひとときであれば自然にくつろいだ気持ちになり、ゆったり味わうことにもつながります。

この時期の子どもには食にまつわる「しつけ」を身に付けさせることも重要です。

子育ては「ほめて育てる」が基本とはよく言われますが、ほめられればおとなでもうれしいものです。じょうずにできたらほめてあげる、失敗したら励ましのことばをかけるなど、家族の愛情のなかでマナーを身に付けさせてあげたいものです。

ただし献立の主導権を握っているのはおかあさん。これなら子どもが食べるから、なども食事の内容を子ども主体にするのは考えものです。日曜日やクリスマス、お誕生日のときぐらいは子どもの好きなお楽しみメニューを並べてよろこばせてあげるのもいいでしょう。けれどもそれ以外のふだんの日は、きちんとした、安定した食生活を通すことでメリハリをつけることが大切です。

食生活を見直そう

いまはどこでも食べ物が手に入る時代です。子どもも小中学生になればコンビニで買

い物をしたり、冷蔵庫から勝手に出してきて好きなものを食べます。

さらに肉やケーキなど、かつては特別な日の楽しみとして口にした食べ物が、毎日のように食卓にのぼる時代でもあります。現代の日本人のそんな食生活を、島田彰夫先生はその著書、『伝統食の復権』（東洋経済新報社）のなかで「お祭騒ぎの食事」だと表現しておられます。

豊かさを通り越して贅沢があたり前になっている現代の食生活では、足りないものを足すのではなく、多すぎるものを減らすことに視点を置かざるをえない面がありそうです。

生活が便利だから、忙しいからとインスタント食品やレトルト食品、冷凍食品を買い求め、冷蔵庫に炭酸飲料やジュース、まとめ買いした牛乳などを入れておくおかあさんもお見かけします。

なんといってもいまは、おかあさん、おとうさんがファースト・フードで育ってきた世代です。高脂肪・高カロリー（低栄養）の食事はやめましょうといっても、指導にも限界があると感じることがあります。

しかしこんな時代に生きる私たちだからこそ、自分の食事に責任を持つ、自分の体に

合った食生活のパターンを持つということを意識する必要性を感じます。将来の危険はおとなも子どもも同じです。

ときおり体格のいい子どもに「栄養満点だね」などと声をかけている人を見かけますが、これは正しくは「カロリー満点」とでも言うべきでしょう。栄養とカロリーをとりちがえているのです。高カロリー・高脂肪の食品をとりすぎないような食の習慣をつくっていくことが、いまの家庭の食事には大切です。

ファースト・フードやレトルト食品、インスタント食品では栄養面もそうですが、どうしても家庭の味のような滋味（おいしい味）に欠けています。こうした食品の利用は最小限にすることです。

だからといって、とりたてて手の込んだおかずを並べようなどと言うつもりはありません。家庭の食事なら、青い物が不足しているなと思えば青菜をさっとゆでて小鉢に山盛りのおひたしを用意するなど、あてがわれた食にはない美点がいくつもあるということです。

食事は習慣ですから、家族ぐるみで見直すことが大切です。

主食（お米）の話はあとで詳しくとりあげますが、わが家ではほぼ毎食、胚芽のつい

たお米（分つき米や玄米）や雑穀を混ぜた白米を口にしています。ときには白米が出てくることもありますが、おかずはどちらかといえば野菜が中心です。それがわが家の味になっているので、三人の子どもたちはとくに何も言いません。家内は助産師で、三人の子どもを助産院と自宅で出産し、母乳で育てました。私自身をふりかえると、独身時代に比べて何が変わったかと言えば、玄米や雑穀を取り入れた主食を口にするようになって、お通じを含めふだんの体調が安定していると感じています。

高カロリー・高脂肪食を「おいしい」と感じる遺伝子

豊かな現代では、「なんのためにご飯を食べるの？」とたずねると、「食べたいから」、「お腹がすくから」と答える子どもがめずらしくありません。しかし私たち人間も動物です。とかく忘れがちですが、生命を維持することが「食べる」ことの本来の目的なのです。

動物の体はもともと、飢餓に対して抵抗できるようにできています。

たとえばライオンは、狩が成功しなければ一週間でも食べないまますごすことがふつ

うです。水を飲んでいれば、ある程度の期間は生きられるようにつくられているのです。

これはヒトも同様です。どこでも簡単に食べ物が手に入る社会に暮らしていると、一食たべそこねただけでも、お腹がすいて目がまわりそうだと感じたりするものです。しかしさかのぼって考えてみれば、木の実などを採集していた古代の日本人は、一日三食も食べていなかったはずです。

遺伝子レベルでは、現代のような飽食時代は想定されていないのです。だからこそめったに口には入らないはずの脂肪のような高カロリーの食べ物を、とてもおいしく感じるようにインプットされているのです。

「肉汁がジワーッとしたたって、脂肪が口のなかでとろけそう……」

グルメ番組ではこんなトークを耳にしますが、これは私たちが脂肪という貴重な食べ物をおいしく感じるようにできているなによりの証拠かもしれません。

ふだんは安定した食生活を通す

高カロリー・高脂肪にも目をつぶって特別な日に楽しむ食事がパーティー用のドレス

だとしたら、ふだんの日の安定した食事とは、いわば自宅でくつろぐときに着るシンプルな服のようなものです。何回でも洗濯のきく丈夫さがあって、飽きがこず、ほんの少し工夫するだけで気の利いた感じにも見える、そんな気楽さと融通性を兼ね備えた服。

これを食に置き変えるなら、栄養、栄養と肩に力を入れなくても、それさえ食べていれば自然に必要なものがとれる食材、少し手を加えるだけで栄養価がぐんと高くなるおかずといったところでしょうか。

科学的な栄養素の知識があふれかえるような時代に暮らしていると、バランスのいい食事、イコール「あれもこれも」買いそろえなければいけないという印象を抱きがちですが、バランスのとれた安定した食生活の実現は、じつは思っているほどむずかしいものではありません。

要は、本来の日本の風土と日本人に合った食事を取り入れればいいのです。

いまでこそ世界中から食材が輸入され、タイやインド、韓国、中国、イタリアにフランスと食卓もすっかり国際化した感があります。これはある面から見れば「自由」とも言えますが、別の面から見れば継ぎはぎだらけの帆布のような頼りなさを感じます。もちろん異文化にふれることは刺激があって楽しいものですが、だからこそお楽しみのメ

ニューとして、気分転換や特別な機会のためにとっておきたいものです。

食の国際化以前、日本人は日本でとれる食材だけを口にして生き長らえてきました。いま私たちがここにいること自体、昔ながらの日本の食生活が理にかなったものであるというなによりの証拠とは言えないでしょうか。

主食を変えるだけでバランスがよくなる

古来から日本人が主食としてきたのはお米ですが、主食を見直すだけでも、現代の日本人の食生活はかなり安定したものになると言われています。

栄養をバランスよくとるとは、なにも何種類もの食材を取り入れることではありません。「一つの生命体をまるごと食べる」こと、これがいちばんシンプルで誰にでもつづけられる方法です。たとえばイカなら、刺身にして残ったワタは塩辛にするなど、すべてをむだなく食べ切るということです。イカという一つの生命体を成り立たせるために必要なすべての栄養をまるまる取るだけに、バランスがとれているというわけです。

主食のお米で「まるごと食べる」と言えば玄米がそれにあたります。一般に食べられ

米の精米過程　図12

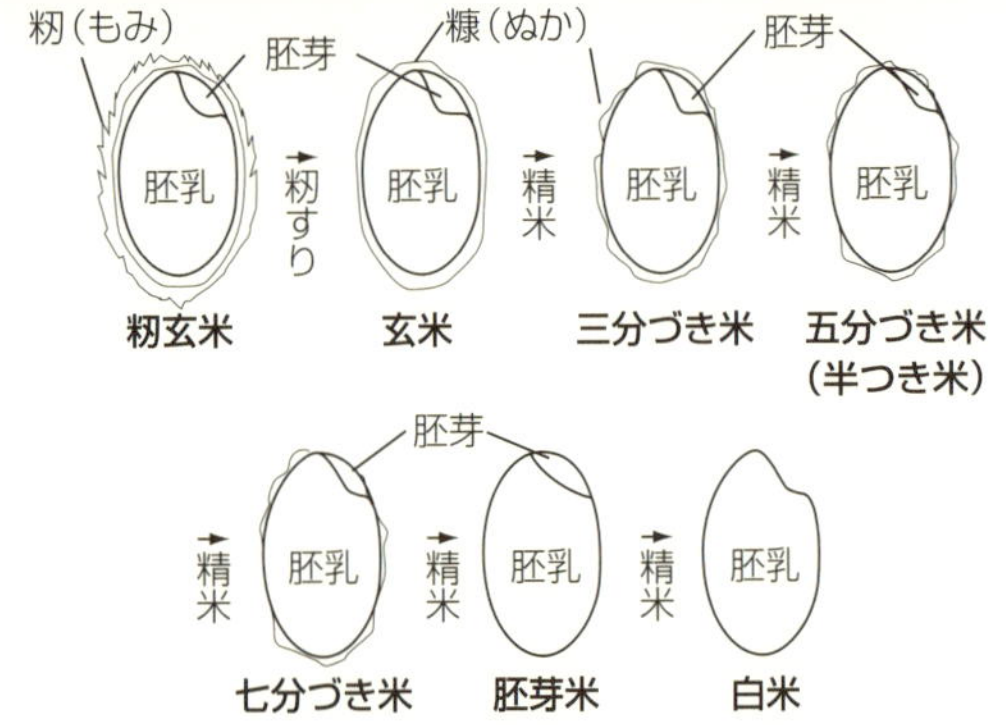

鈴木猛夫「アメリカ小麦戦略」と日本人の食生活より

ている白米は、玄米を精米して表面のヌカを削り、胚芽を取り除いたものです。

ヌカは基礎化粧品にも使われるなど、美容にいいことが昔から知られていますが、日本人は長いあいだ、ヌカと胚芽からビタミンやミネラル、食物繊維や植物性脂肪などの大切な栄養素をとってきたのです。だからこそ、一汁一菜のような簡素な食事でも栄養面でさほど不都合がなかったと言われています。

お米は精製度の少ないものほど栄養価が高いものです。白米よりは胚芽米（ヌカをすべて削り取って胚芽だけを残したもの）、胚芽米より分づき米、分づき米より玄米と、なるべく胚芽やヌカの部分を多く取り入れることを心がけてはいかがでしょうか。ちなみに分

づき米には三分づき米、五分づき米、七分づき米などの段階があり、それぞれ精米する際にヌカの三〇パーセント、五〇パーセント、七〇パーセントを削り取ったものを指してそう呼んでいます（図12参照）。

副食があまりとれない時代にも日本人の健康的な暮らしを支えてきたヌカと胚芽の存在。それだけに主食だけでも変えることで、私たちの食生活はどれだけ理想に近づくことでしょうか。これなら面倒な栄養素の計算も不要です。

付け加えるなら、パン食でも精白された小麦粉より玄麦をそのまま粉にした全粒粉（フスマや胚芽が含まれている）を使用したものを取り入れたほうが栄養価は高くなります。

栄養素至上主義の食事はやめる

健康でありたいとは誰もが願うこと。忙しくてふだんの食事ではとれない栄養を補うためにサプリメントを利用したり、体にいいといわれる食品を積極的に取り入れている人も少なくありません。

気になるのは、いまの栄養学が「栄養素学」になってしまっているということです。「カカオからとれるココアバターはコレステロールや中性脂肪を減らす」、「赤ワインはポリフェノールを豊富に含んでいる」など、テレビ番組が一つの食品をクローズアップして取り上げると、その翌日にはココアや赤ワインが飛ぶように売れるというブームが巻き起こります。お茶に含まれるカテキンがガンを抑制する、イカやタコに含まれるタウリンはコレステロール値を低下させるなど、栄養素から栄養素へ、次からつぎへとスポットが当てられてゆきます。しかし「赤ワインはポリフェノールが豊富だからいい」と、毎日赤ワインばかり飲んでも健康にはなりません。

ああした番組をいくつも見ると、結局「栄養はバランスよくとりましょう」というあたり前の結論に行きつくのです。しかしそれでは「それぞれの栄養素を何ミリグラムずつとりましょう」という煩雑な栄養学にすぎません。「健康にいい」からと一つの食品、栄養素を特別視すること自体ナンセンスではないでしょうか。

ばらばらに紹介される栄養素の知識に毎回ふりまわされていては〝健康的な食生活〟を長続きさせることもままなりません。

かつて栄養教育の柱として、厚生省（当時）は一九八五年（昭和六〇年）に「健康づ

6つの基礎食品　図13

1群	タンパク質の供給源	魚・肉・卵・大豆
2群	カルシウムの供給源	牛乳・乳製品・骨ごと食べられる魚・海草
3群	カロチンの供給源	緑黄色野菜
4群	ビタミン・ミネラルの供給源	その他の野菜・果物
5群	エネルギーの供給源	穀類・芋類・糖分
6群	エネルギーの供給源	油脂

厚生労働省　1985年「健康づくりのための食生活指針」の指導より

くりのための食生活指針」を発表し、栄養のバランスをとるために「一日三〇品目」の食品をとることを呼びかけました。「6つの基礎食品」（図13）をすべて組み合わせて一日に三〇品目を食べることが目標にされたのです。

ところが、その後改訂され二〇〇〇年（平成一二年）に発表された「新しい食生活指針」では、「一日三〇品目」は姿を消すことになりました。

このことについて厚生労働省生活習慣病対策室では、「三〇という数字を絶対化して食べ過ぎてしまう例もあり、誤解を招かないように、数字はやめた」と説明しています。

デパートなどで「三〇品目ふりかけ」など

という食品を見かけますが、これはまさに一日三〇品目を毎日継続してとろうという提案がいかに現実離れしているかを映し出しているかのようです。三〇品目と言われても、人によって食品の数え方にはバラつきがあるはずですし、三〇という数字に縛られすぎると義務感が先行しがちです。実際に試した栄養士によると、現実には続けることが困難であったと聞いています。

いま、昔ながらの日本食のよさが世界的に注目されていますが、昔の人は自分たちの食べ物が「健康食」だと意識しながら食べていたわけではなく、栄養素の知識が豊富だったわけでもありません。むしろ連綿と受け継がれてきた先人の知恵を生かしながら、季節に合わせて取れるものを食べてきただけなのです。

だからといって昔そのままの食生活に戻れというのもナンセンスです。「一日三〇品目」ではありませんが、むりをすれば長続きしません。

肩の力を抜いて、現代に生きる私たちなりにむりのない範囲で見直せばいいのではないでしょうか。その意味でも主食を見直すことには大きな意義があると考えています。

おわりに

厚生労働省（元厚生省）が掲げる「離乳の基本」が一九八〇年に発表されてから二〇年あまりが過ぎました。その間、子どもたちの口の機能について言えば何ひとつよくなっていません。むしろ噛み合わせや歯並びの悪い子どもは増えています。

本文でもお話したとおり、保健所を通じて栄養士や保健師といった方々が行う離乳指導は、いずれもこの基準がベースになっています。さらに世に出回る多くの育児書、育児雑誌もこの基本に準じたアドバイスを取り上げているのが実情です。

ところが、たくさんのおかあさんが「育児書どおりにやっても子どもが離乳食を食べてくれない」と戸惑い、保健師さんのあいだでも「離乳の基本どおりに指導しているが、うまくいかない」といった声があがっています。

子どもの顔が一人ひとりちがうように、本来、発育にもその子なりのペースがあるもので、月齢で区切り、平均値にあてはめることにそもそも無理があるのです。

食べる機能とは、生命の維持にかかわるきわめて原始的なもの。本来、子どもは「育つ」力を備えてこの世に生まれてくるのです。ベタベタ、ドロドロなど手を加え過ぎた

離乳食では子どもが育とうとする力を伸ばしてあげることができません。

野生の哺乳動物を見れば明らかなように、子どもは母乳か、親が食べているものだけでたくましく成長しています。ヒトもまた動物です。至れり尽くせりの離乳食に見るように、自然にかなった育て方から離れていくほど、子どもの口の機能異常のような問題が生じるのではないでしょうか。本来、離乳は悩んだり、苦労する必要などないものです。

離乳を複雑で困難なものにしている「離乳の基本」こそ、かまない子、飲み込めない子を何年にもわたってつくりつづけている元凶だと私は考えています。

ひとりでも多くのおかあさんに、子どもの口の機能の発達にかかわる哺乳・離乳期の大切さを知っていただき、肩の力を抜いた〝手抜き離乳食〟で、お子さんと愛情に満ちた、たのしい時間を過ごしていただければうれしく思います。

最後に、三人の子どもたちをすべて母乳で育て、助産師の立場で様々な助言・アドバイスをしてくれているすばらしいパートナーである妻に、お礼の気持ちを伝えたいと思います。ありがとう。

著者

子どもの発達や成長に大きくかかわる「食」について、私がお薦めする文献をご紹介します。何かの手がかりとしてお役に立てば幸いです。

1 『幼児教育と脳』 澤口俊之著 文春新書

育児書はたくさん出ていますが、とかく「動物としての脳の発育」という部分は見落とされがちなものです。

本書は、どちらかというと学術的な内容ではありますが、子育てと脳とのかかわりについての興味深い記述にあふれた良書としておすすめしたい一冊です。同書の九四ページに次のような記述があります。

「人類進化に私たちはヒトの本性が隠されている。その本性をふまえなければ、根本的に、(つまり進化的に) まちがった教育をしてしまう可能性がある。失礼ないい方かもしれないが、凡百の育児書や教育論にはこの視点が決定的に欠けている。そこでこの進化論的側面に関して話していきたい」

全体を通して、人間を動物としてとらえようとする姿勢(人間進化生態学の観点)で貫かれた内容。

2 『赤ちゃんと脳科学』 小西行郎著 集英社新書

1より、こちらのほうが読みやすく書かれています。以下に原著(86〜87ページ)からの抜粋をご紹介します。

「今日、子どもは『授かる』ものという感覚ではなく、『作られる』というものの考え方へと変化しています。(中略) 同時に、子どもは『育つ』ものではなく、『育てる』ものとみなされるようになりました。(中略) 私は『授かる』ものから、『作られる』ものへ、『育つ』ものから『育てる』ものへ変化した育児観には、一つの共通点があると考えています。それは、どちらも『大人が主導である』、つまり最初に大人の働きかけがある、という点です。(中略) しかし私は(本章と第4章で) 赤ちゃんの脳と行動の連動性を取り上げつつ、そのことに疑問を呈したいと思います」

離乳食についてもまったく同様のことが今日、行われており、赤ちゃんの「育つ」意欲を高めることから考えると、手を加えすぎる離乳食では「育てる」という感覚となり、疑問を呈さざるを得ません。

3 『「アメリカ小麦戦略」と日本人の食生活』 鈴木猛夫著 藤原書店

戦前、戦後の日本の食糧行政の裏側が正確に書かれており、"目から鱗"の記述が多い。とくに「脚気論争」と「主食論争」は栄養士ならずともぜひ、読んでほしい。米に対する認識が一変するすばらしい本だと思います。

4 『伝統食の復権』 島田彰夫著 東洋経済新報社

3と同様、食生活を見直し、伝統的な日本食をおすすめしている書。非常にバランスのとれた内容で、進化学的な考察から入っており、信頼性の高い良書と言えます。

5 『牛乳には危険がいっぱい』 フランク・オスキー著 弓場隆訳 東洋経済新報社

6 『胃腸は語る』 新谷弘美著 弘文堂

3、4、5、6いずれも牛乳に関する記述があり、牛乳について詳しく知りたい方にはぜひ読んでいただきたい一冊。

増刷に寄せて

本書を出版してはや十二年が過ぎてしまいました。

この十二年で私なりに気づいたことを述べたいと思います。

三歳児健診に行きますと、過蓋咬合《かがいこうごう》（かみ合わせが深い、下の前歯が隠れる）の子どもが増えています。矯正患者にも当然増えています。ますます咀嚼が減少していることが原因として考えられます。さらに普段、歯をかみしめていることが推測されます。歯並びや骨の形は力によって決まります。力は筋肉が生み出します。つまり、口の周りの筋肉の使い方が下手になって、力のコントロールができなくなっていることが考えられます。顎関節症もどんどん低年齢化しています。食事によってしか口の周りの筋肉のトレーニングはできません。「授乳・離乳の支援ガイド」の抜本的な改正が必要です。

私は歯科衛生士学校の講師をしていますが、嚥下異常《えんげいじょう》の学生が急増しています。講義中に「錠剤が1錠ずつしか飲めない人」と質問すると、三分の一から半数が手を挙げます。大きいものを飲み込むことができなくなっています。学生が親になったときの子どものことを考えると、暗澹《あんたん》たる気持ちになります。

当院にくる子ども達に落ち着きのない子どもが増えています。その、おかあさん達との会話の中で、「食べてくれない」、「食べてもらう」というような言葉が出て、「食べ物の好き嫌いが多い」は定番です。

昔から「食事の始まりはしつけの始まり」と言います。歴史上、子どもは食べないということはありませんでした。昔、食事は親がなんとか手に入れたものを、感謝して食べていました。それしかないので、嫌いなものがあっても我慢して食べていました。

その毎食の繰り返しが、我慢のトレーニングとなり、本来の「しつけ」ができ、我慢のできる子に育つのです。食事で文句を言わない、文句を言ったら食事抜きといった、家庭のルールが確立すると子どもが落ち着いてくるケースは多いです。

私が取り組まなければならないことは、まだまだたくさんあります。ひとりでも多くのおかあさんに、子どもの口の機能の発達にかかわる哺乳・離乳・咀嚼の学習期の大切さを知っていただき、健全な食生活が健全な子どもを育てる礎であることを理解していただきたいと強く思っています。

二〇一六年九月　著者

191

矯正歯科医が教える

満《まん》1歳《さい》で離乳《りにゅう》が終《お》わる“らくらく”育児《いくじ》

今の離乳食はまちがいだらけ

2004年6月24日　初版第1刷
2018年4月20日　第3刷

著　者 ―――― 金《きむ》　俊熙《じゅんひ》
発行者 ―――― 坂本桂一
発行所 ―――― 現代書林
〒162-0053　東京都新宿区原町3-61　桂ビル
TEL：代表03(3205)8384
振替00140-7-42905
http://www.gendaishorin.co.jp/
カバー・本文デザイン ― 矢野徳子
本文扉イラスト ―― 中山成子
本文イラスト ―― たかせひとみ

印刷・製本：広研印刷㈱
乱丁・落丁本はお取り替えいたします。

定価はカバーに表示してあります。

ISBN978-4-7745-0617-3 C0047